WiSo-KURZLEHRBÜCHER
Reihe Betriebswirtschaft

Schwalbach
Produktionstheorie

Produktionstheorie

von

Prof. Dr. Joachim Schwalbach

Humboldt-Universität zu Berlin
Lehrstuhl für Internationales Management

unter Mitarbeit von

Dr. Clemens Oberhammer

Verlag Franz Vahlen München

VERLAG
VAHLEN
MÜNCHEN
www.vahlen.de

ISBN 3 8006 3018 4

Wilhelmstraße 9, 80801 München
Satz: DTP-Vorlagen der Autoren
Druck und Bindung:
Druckhaus Nomos, In den Lissen 12, 76547 Sinzheim

Gedruckt auf säurefreiem, alterungsbeständigem Papier
(hergestellt aus chlorfrei gebleichtem Zellstoff)

Vorwort

Studierende lieben Lehrbücher und haben meine Ankündigung begrüßt, mein Vorlesungsskript zu einem Lehrbuch weiter zu entwickeln. Obwohl es bereits sehr gute Lehrbücher zur Produktionstheorie gibt, hatte ich mich vor einiger Zeit entschieden, ein Vorlesungsskript herauszugeben, da die bestehenden Lehrbücher m.E. die Realität zu wenig berücksichtigen. Empirische Beispiele fehlen weitgehend. Auch wird die Theorie des Mehr-Produkt-Unternehmens in den meisten Büchern nicht behandelt. Im Mittelpunkt steht vielmehr das Ein-Produkt-Unternehmen, obwohl dieses in der Unternehmensrealität schwer zu finden ist. Studierende erwarten, dass ihnen die Relevanz der Theorie anhand von möglichst realitätsnahen Beispielen erläutert wird. Obwohl dies nicht einfach ist, da die Diskrepanz zwischen Theorie und Praxis immer relativ groß bleiben wird, muss vornehmlich im wirtschaftswissenschaftlichen Grundstudium das Bemühen erkennbar sein, diese Diskrepanz zumindest teilweise zu überwinden.

Zum Gelingen des Lehrbuchs haben zahlreiche Personen beigetragen. An der frühen Entwicklungsphase des Vorlesungsskipts war mein ehemaliger Mitarbeiter und jetziger Professorenkollege an der Universität Würzburg, Stefan Winter, beteiligt. Den größten Anteil am Skript ist jedoch meinem ehemaligen Mitarbeiter, Dr. Clemens Oberhammer, zuzuschreiben. Ohne seine Mithilfe wäre das Skript und somit das Lehrbuch nicht vollendet worden. Aus diesem Grund wird Clemens Oberhammer als Mitautor geführt. In der Endphase des Lehrbuchs hat mein Mitarbeiter, Dr. Bernd Droge, wertvolle Beiträge zur Präzisierung einiger Aussagen geleistet. Nicht zuletzt sind zahlreiche Anregungen der Studierenden der Grundstudiumsveranstaltung „Produktionstheorie" an der Humboldt-Universität zu Berlin in das Buch eingeflossen. Ihnen allen möchte ich für ihre Untersützung von ganzem Herzen danken.

Dankbar bin ich zudem weiteren Personen, die zur Fertigstellung des Lehrbuchs beigetragen haben. Zuerst möchte ich meinen studentischen Hilfskräften, Hendrik Wermer, Johannes Roussakis, Ronny Mütschele und Toralf Köllner danken, wobei ein besonderer Dank Hendrik Wermer gilt, der unermüdlich die technischen Eigenheiten des Softwarepakets 'Scientific Workplace' analysierte und letztlich bravourös meisterte. Danken möchte ich zudem meiner Sekretärin, Brigitte Erlinghagen, für die redaktionelle Durchsicht des Manuskripts. Für alle Unzulänglichkeiten im Buch übernehme ich die Last der Verantwortung, oder wie man es im Englischen ausdrückt: Any remaining errors are my own.

Berlin, Februar 2004 Joachim Schwalbach

Inhaltsverzeichnis

Abbildungsverzeichnis

Kapitel 1

Grundlagen

1.1 Einführung

1.1.1 Einordnung der Produktionstheorie in die 'Allgemeine Theorie der Unternehmung'

Die Produktionstheorie beschäftigt sich mit der betrieblichen Leistungserstellung. Da es sich hierbei um eine zentrale Funktion eines Unternehmens handelt, kommt auch der Produktionstheorie zentrale Bedeutung innerhalb der Betriebswirtschaftslehre zu. Diese Sichtweise geht auf Erich Gutenberg zurück, der in seinen 'Grundlagen der Betriebswirtschaftslehre' die Produktivitätsbeziehung in den Mittelpunkt der Theorie der Unternehmung stellt und sie als allgemeines Gesetz unternehmerischen Handelns versteht (vgl. Gutenberg, 1983). Albach erweitert die produktivitätsorientierte Ausrichtung der Theorie der Unternehmung schrittweise und entwickelt eine allgemeine Theorie, die in der Lage ist, Antworten auf vielfältige Probleme der Unternehmung zu geben (vgl. Albach, 1999). Albach sieht sieben Probleme, die die 'Allgemeine Theorie der Unternehmung' kennzeichnen: Das Produktions-, Zeit-, Information-, Motivation-, Koordination-, Integration- und Umweltproblem.

Das *Produktionsproblem* besteht darin, die an der Produktion beteiligten produktiven Faktoren so einzusetzen, dass sie die maximale Leistung erbringen. Da diese Leistungserbringung Zeit benötigt, entsteht ein *Zeitproblem*, das über eine optimale Anpassung aller produktiven Faktoren an die sich verändernden Umweltbedingungen gelöst wird. Zur Erfassung der und innerbetrieblichen Kommunikation über die sich verändernden Umweltbedingungen sind funktionsfähige Informationsysteme im Unternehmen notwendig. Das Unternehmen hat somit ein *Informationsproblem* zu lösen. Mögliche Informationsasymmetrien können opportunistisches Verhalten bei den Entscheidungsträgern fördern und ein *Motivationsproblem* verursachen. Anreizsysteme helfen, die Bedeutung des Motivationsproblems zu verringern. Unvollkommenheit ist nicht nur bei der innerbetrieblichen Informationsverteilung sondern in allen Märkten, wie bspw. in den Beschaffungs- und Absatzmärkten, zu beobachten. Die Unternehmen haben ein *Koordinationsproblem*, da die Verträge mit den Vertragspartnern unvollständig sind und somit implizite Verträge an Bedeutung gewinnen. Trotz der Verträge müssen die Vetragspartner die Strukturen des gesamten Leistungsprozesses aufeinander abstimmen. Es entsteht ein *Integrationsproblem*. Wird das Intergrationsproblem gelöst, ist jedoch nicht auszuschließen, dass dies zu Lasten Dritter geht. Man nennt dies negative externe Effekte. Diese werden bspw. in den schädlichen Wirkungen betrieblicher Produktionstätigkeit auf die Umwelt gesehen. Eine Vernachlässigung des *Umweltproblems* kann zu Fehlsteuerungen im Unternehmen führen. Sämtliche genannten Probleme verursachen Kosten, die Albach in der Reihenfolge der genannten Probleme als Produktions-, Anpassungs-, Informations-, Kontroll-, Motivations-, Transaktions-, Logistik- und Vermutzungskosten bezeichnet. In Abbildung 1.1 wird die Interdependenz der zu lösenden Probleme und eine problemorientierte Fortentwicklung einer 'Allgemeinen Theorie der Unternehmung' graphisch gezeigt.

1.1.2 Gegenstand der Produktionstheorie

Die Produktionstheorie beschäftigt sich mit der Analyse des Produktionsprozesses. Dabei geht es um die Transformation von Inputgütern in Outputgüter. Sowohl die Input- als auch die Outputgüter können materieller oder immaterieller Natur sein. Während in der traditionellen Produktionstheorie nur der Produktionsbereich im engeren Sinne betrachtet wird, hat man in der modernen Produktionstheorie erkannt, dass Produktion in allen Bereichen des Unternehmens stattfindet. So produziert die Vertriebsabteilung eine Absatzleistung oder der Einkauf Beschaffungsleistung. Auch wurde in der traditionellen Produktionstheorie nur die physische Produktion betrachtet, während mittlerweile auch die Dienstleistungsproduktion mit ihren Besonderheiten verstärkte Beachtung gefunden hat.

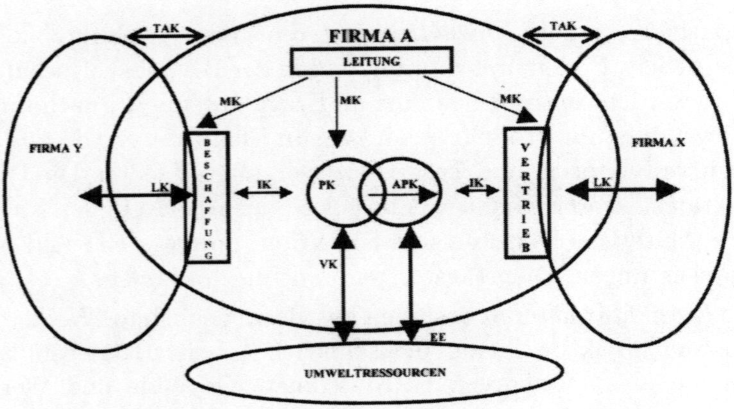

Abbildung 1.1: Problemorientierte Sichtweise der Unternehmung

Während in der Volkswirtschaftslehre vor allem produktive Zusammenhänge gesamtwirtschaftlich betrachtet werden, geht es in der Betriebswirtschaftslehre mehr darum, die produktiven Zusammenhänge in einem Unternehmen zu beschreiben. Trotz des unterschiedlichen Betrachtungsgegenstandes beider Disziplinen werden bei empirischen Untersuchungen oftmals dieselben Produktionsfunktionen zugrunde gelegt.

1.2 Der Produktionsprozess mit seinen Bestandteilen

In diesem Abschnitt werden die Bestandteile des Produktionsprozesses erläutert. In Abbildung 1.2 ist der Prozess mit seinen Bestandteilen abgebildet.

Abbildung 1.2: Struktur eines Produktionsprozesses

1.2.1 Produktionsfaktoren

Inputfaktoren oder *Produktionsfaktoren* sind in der Mikroökonomie Arbeit, Boden und Kapital, und in der Betriebswirtschaftslehre werden sie (in Anlehnung an Erich Gutenberg) nach ihrer Verwendung im Produktionsprozess in Elementarfaktoren, dispositive Faktoren, und Zusatzfaktoren unterschieden. Die Produktionsfaktoren können materieller oder immaterieller Natur sein. Materielle Faktoren sind Sachgüter, immaterielle sind Arbeitsleistungen, Dienstleistungen und Informationen.

Elementarfaktoren bestehen aus Betriebsmitteln, Werkstoffen und objektbezogener menschlicher Arbeit. Betriebsmittel können in abnutzbare (z.B. Maschinen, Gebäude und Werkzeuge) und in nicht abnutzbare Faktoren (z.B. Grundstücke) unterteilt werden. Werkstoffe umfassen die Rohstoffe, die den Hauptbestandteil der Produkte bilden, die Hilfsstoffe, welche zwar direkt in die Produkte eingehen, aber von untergeordneter Bedeutung sind und die Betriebsstoffe, die für den Betrieb der Maschinen notwendig sind. Betriebs- und Werkstoffe verzehren sich im Produktionsprozess kurzfristig und müssen wiederholt neu beschafft werden. Es wird deshalb auch von *Verbrauchsfaktoren* oder von Repetierfaktoren (Edmund Heinen) und Potentialfaktoren (Erich Gutenberg) gesprochen.

Dem *dispositiven Faktor* in Form der Unternehmensführung kommt die Aufgabe der Planung, Organisation und Kontrolle des Produktionsprozesses zu. In der traditionellen Produktionstheorie wird demnach eine Trennung zwischen dispositiver und objektbezogener Arbeit vorgenommen. In der modernen Produktionstheorie ist die Grenze fließend, und jede Arbeit hat sowohl dispositiven als auch objektbezogenen Charakter. Es wird erwartet, dass sich durch die Einbeziehung der objektbezogenen Arbeit in dispositive Aufgaben das Ergebnis des Produktionsprozesses signifikant erhöhen lässt.

Unter *Zusatzfaktoren* versteht man Faktoren, die für die Unternehmung zwar Kosten erzeugen, denen aber meist keine eindeutige Mengengröße zugeordnet werden kann. Dabei handelt es sich vor allem um Leistungen des Staats, der Kommunen, von Verbänden, Versicherungen, Prüfungsgesellschaften, die zu Steuern, Gebühren, Beiträgen oder Versicherungsprämien führen. Vor allem Steuern und Beiträgen sind keine direkten Gegenleistungen zuordenbar.

1.2.2 Der Produktionsprozess

Der Produktionsprozess ist der Vorgang, in dem durch geeignete Kombination und Transformation der Einsatzfaktoren die gewünschten Produkte entstehen. Meistens entstehen neben den gewünschten Gütern zusätzliche unerwünschte Güter (Abfallprodukte), die entsorgt bzw. wiederverwendet werden müssen. Der Zusammenhang zwischen Einsatz- und Ausbringungsmenge wird dabei durch technologische, physikalische, biologische und/oder chemische Gegebenheiten determiniert.

1.2.3 Die Technologiemenge

Die Technologiemenge ist die Menge aller realisierbaren Produktionsalternativen. Sie gibt also an, welche Möglichkeiten (Produktionsalternativen) bestehen, ein bestimmtes bzw. mehrere Güter herzustellen. Dabei gibt eine Produktionsalternative, auch Aktivität genannt, den mengenmäßigen Zusammenhang zwischen Faktoreinsatz und Output an. Stellt man die Faktoreinsatzmengen r_i der I Inputfaktoren durch den Inputvektor

$$\underline{r} = (r_1, ..., r_I) \in R_I^+ \tag{1.1}$$

dar und die Outputmengen x_m der M Güter durch den Outputvektor

$$\underline{x} = (x_1, ..., x_M) \in R_M^+, \tag{1.2}$$

so kann eine Aktivität bzw. Produktionsalternative durch den Vektor

$$\underline{y} = (\underline{r}; \underline{x}) \in R_{M+I}^+ \tag{1.3}$$

beschrieben werden. Bei der Beschreibung einer Aktivität wird somit einem bestimmten Inputvektor ein bestimmter Ausbringungsvektor zugeordnet. In diesem Zusammenhang spielen Effizienzüberlegungen noch keine Rolle.

Die Menge aller realisierbaren Aktivitäten nennt man Technologie.

$$T := \{\underline{y} = (\underline{r}; \underline{x}) \mid \underline{y} \text{ ist technisch möglich}\}. \qquad (1.4)$$

Sie gibt Auskunft über die bestehenden technischen Möglichkeiten zur Produktion eines oder mehrerer Güter.

1.2.4 Der Effizienzbegriff: Übergang von der Technologiemenge zur Produktionsfunktion

Im letzten Abschnitt wurde die Technologiemenge erläutert. Während sie alle Möglichkeiten beschreibt, wie ein bestimmtes Gut erzeugt werden kann, wird keine Aussage über die Vorteile einzelner Alternativen getroffen. Der Aspekt der Vorteilhaftigkeit wird nun in der Produktionsfunktion berücksichtigt, die den effizienten Rand einer Technologiemenge beschreibt. Sie ist also die Menge aller effizienten Produktionsalternativen.

Um die Produktionsfunktion aus der Technologiemenge ableiten zu können, muss man wissen, was unter Effizienz verstanden wird. In der Literatur werden unterschiedliche Effizienzbegriffe erwähnt. Je nachdem, ob man die Input- oder die Outputseite betrachtet, spricht man von Input- bzw. von Outputeffizienz. Eine Alternative ist inputeffizient, wenn keine andere Alternative existiert, bei der mindestens der gleiche Output mit geringerem Input erzeugt wird. Eine Alternative ist hingegen outputeffizient, wenn keine andere Alternative existiert, bei der mit maximal dem gleichen Input ein höherer Output erzeugt werden kann. Insgesamt effizient ist eine Alternative, wenn sie sowohl input- als auch outputeffizient ist. Im folgenden werden die Effizienzbegriffe formal dargestellt.

Inputeffizienz
Eine Produktionsalternative $\underline{y}^0 = (\underline{r}^0; \underline{x}^0)$ ist inputeffizient, wenn keine andere Produktionsalternative $\underline{y} = (\underline{r}; \underline{x})$ existiert, für die gilt:

$$r_i \leq r_i^0 \text{ für alle } i = 1, ..., I$$

und

$$x_j \geq x_j^0 \text{ für alle } j = 1, ..., M$$

und

$$r_i < r_i^0 \text{ für mindestens ein } i.$$

Outputeffizienz
Eine Produktionsalternative $\underline{y}^0 = (\underline{r}^0; \underline{x}^0)$ ist outputeffizient, wenn keine andere Produktionsalternative $\underline{y} = (\underline{r}; \underline{x})$ existiert, für die gilt:

$$r_i \leq r_i^0 \text{ für alle } i = 1, ..., I$$

und

$$x_j \geq x_j^0 \text{ für alle } j = 1, ..., M$$

und

$$x_j > x_j^0 \text{ für mindestens ein } j.$$

Allgemeine Effizienz
Eine Produktionsalternative $\underline{y}^0 = (\underline{r}^0; \underline{x}^0)$ ist insgesamt effizient, wenn keine andere Produktionsalternative $\underline{y} = (\underline{r}; \underline{x})$ existiert, für die gilt:

$$r_i \leq r_i^0 \text{ für alle } i = 1, ..., I$$

und

$$x_j \geq x_j^0 \text{ für alle } j = 1, ..., M$$

und

$$r_i < r_i^0 \text{ für mindestens ein } i$$

oder

$$x_j > x_j^0 \text{ für mindestens ein } j.$$

Eine Alternative muss also sowohl input- als auch outputeffizient sein, damit sie insgesamt effizient ist. In einem konkreten Fall ermittelt man die effizienten Alternativen durch paarweisen Vergleich.

Die *Produktionsfunktion* stellt nun den mengenmäßigen Zusammenhang zwischen Faktoreinsatz und Output der effizienten Alternativen dar. Formal gibt es mehrere Möglichkeiten, den Zusammenhang darzustellen.

In impliziter Form:

$$F(x_1, ..., x_M; r_1, ..., r_I) = 0$$
$$\text{mit } F : R^+_{M+I} \to R_D \text{ (z.B. } D = I \text{ oder } D = M), \qquad (1.5)$$

in expliziter Form:

$$(x_1, ..., x_M) = f(r_1, ..., r_I) \text{ mit } f : R^+_I \to R^+_M \qquad (1.6)$$

oder in vektorieller Schreibweise:

$$\underline{x} = f\,(\underline{r})\,. \qquad (1.7)$$

Löst man die Produktionsfunktion nach einem Einsatzfaktor auf, so erhält man die *Faktoreinsatzfunktion*:

$$r_k = g_k(r_1, ..., r_{k-1}, r_{k+1}, ..., r_I; x_1, .., x_M)$$
$$\text{mit } g_k : R^+_{M+I-1} \to R^+_M. \qquad (1.8)$$

Die Wahl der Darstellungsform hängt u. a. von der Art der Produktionsfunktion und der mathematischen Praktikabilität ab. Beispielsweise lässt sich die Produktionsgleichung (1.5) nur unter gewissen Voraussetzungen nach dem Ertrag oder nach den Einsatzfaktoren auflösen.[1]

1.3 Produktionstheoretische Grundlagen

1.3.1 Produktionstheoretische Grundbegriffe

Zur Beschreibung von Produktionsfunktionen werden im folgenden einige produktionstheoretische Grundbegriffe eingeführt. Es handelt sich dabei um Begriffe, die es erlauben, Produktionsfunktionen zu beschreiben und zu klassifizieren. Diese Grundbegriffe werden zur Analyse der verschiedenen Produktionsfunktionen benötigt. Daher sind sie für das Verständnis der Produktionstheorie essentiell.

---

[1] Grob gesagt lässt sich (1.5) mit $D = M$ lokal eindeutig nach dem Ertrag wie in (1.6) auflösen, falls F stetig differenzierbar ist und für einen inneren Punkt $(\underline{\xi}, \underline{\rho}) \in R^+_{M+I}$ mit $F(\underline{\xi}, \underline{\rho}) = 0$ die Jacobi-Determinante $\det \frac{\partial F}{\partial \underline{x}}(\underline{\xi}, \underline{\rho})$ nicht verschwindet.

Zur Vereinfachung wird eine einstufige Einproduktproduktion angenommen, die stetig differenzierbar ist[2]. Die Produktionsfunktion lautet dann:

$$x = f(r_1, ..., r_I)$$

Uns interessiert, wie sich die Ausbringungsmenge verändert, wenn sich die Einsatzmengen der Faktoren ändern. Verändert man nur die Einsatzmenge eines Einsatzfaktors und hält die übrigen Einsatzmengen konstant, so spricht man von einer *Partialanalyse*. Verändert man hingegen die Einsatzmengen aller i Einsatzfaktoren, dann spricht man von einer *Totalanalyse*. Als erstes sollen die Partialanalyse und ihre Begriffe erläutert werden.

Partialanalyse

Produktivität bzw. Durchschnittsprodukt eines Faktors i:

$$\frac{x}{r_i} \tag{1.9}$$

Sie gibt an, wie viele Einheiten des Endprodukts pro Einheit des Faktors i produziert werden. Den Kehrwert der Produktivität nennt man *Produktionskoeffizient*:

$$a_i = \frac{r_i}{x} \tag{1.10}$$

Er gibt an, wie viele Einheiten des Faktors i nötig sind, um eine Einheit des Endprodukts herzustellen.

Partielle Grenzproduktivität eines Faktors i:

$$\frac{\partial x}{\partial r_i} \tag{1.11}$$

Sie gibt an, um wieviel sich die Ausbringungsmenge bei einer marginalen Veränderung der Inputmenge des Faktors i verändert.

[2]Eine Funktion $f : R_I \rightarrow R$ heißt stetig differenzierbar in $G \subset R_I$, falls sämtliche partiellen Ableitungen $\frac{\partial f}{\partial r_i}(\underline{\rho})$ existieren und stetig in $\underline{\rho} \in G$ sind. Ist f stetig differenzierbar in einer Umgebung von $\underline{\rho} \in R_I^+$, so folgt die Differenzierbarkeit und speziell auch die Stetigkeit von f in $\underline{\rho}$.

$\frac{\partial x}{\partial r_i} > 0$: Eine Erhöhung der Einsatzmenge des Faktors i führt zu einer Erhöhung der Ausbringungsmenge. Man spricht auch von positivem Grenzertrag.

$\frac{\partial x}{\partial r_i} = 0$: Eine Veränderung der Einsatzmenge des Faktors i hat keinen Einfluss auf die Ausbringungsmenge. Der Grenzertrag ist Null.

$\frac{\partial x}{\partial r_i} < 0$: Eine Erhöhung der Einsatzmenge des Faktors i hat eine Verringerung der Ausbringungsmenge zur Folge. In diesem Fall ist der Grenzertrag kleiner Null.

Um zu untersuchen, wie sich der Grenzertrag bei Variation des Faktors i verändert, wird der Grenzertrag nach r_i differenziert:

$$\frac{\partial^2 x}{\partial r_i^2} = \frac{\partial \left(\frac{\partial x}{\partial r_i} \right)}{\partial r_i}.$$

$\frac{\partial^2 x}{\partial r_i^2} > 0$: zunehmende Grenzerträge. Mit zunehmendem Einsatz des Faktors i steigt der Grenzertrag.

$\frac{\partial^2 x}{\partial r_i^2} = 0$: konstante Grenzerträge. Der Grenzertrag verändert sich nicht mit Variation der Einsatzmenge.

$\frac{\partial^2 x}{\partial r_i^2} < 0$: abnehmende Grenzerträge. Der Grenzertrag nimmt mit zunehmendem Faktoreinsatz ab.

Partielles Grenzprodukt des i-ten Faktors:

$$d_i x = \frac{\partial x}{\partial r_i} \cdot dr_i \tag{1.12}$$

Das partielle Grenzprodukt gibt bei hinreichend kleinen Mengenänderungen an, um wie viele Einheiten sich die Ausbringungsmenge verändert, wenn sich die Einsatzmenge des Faktors i tatsächlich um die Menge dr_i verändert. Man erhält es, indem man die Grenzproduktivität mit der tatsächlichen Mengenänderung dr_i multipliziert[3].

Bis jetzt wurden ausschließlich absolute Mengenveränderungen untersucht. Oft möchte man aber auch relative Mengenänderungen untersuchen. Dazu bedient man sich Elastizitäten,

---

[3]Mathematisch ausgedrückt ist $d_i x$ gerade ein partielles Differential, das natürlich nicht nur von dr_i abhängt, sondern auch vom Punkt $\underline{r}$, für den die partielle Ableitung $\frac{\partial x}{\partial r_i}$ berechnet wird.

die relative Größen zueinander ins Verhältnis setzen. Im Rahmen der Partialanalyse wird häufig die Produktionselastizität verwendet.

Produktionselastizität bzgl. des i-ten Faktors:

$$\varepsilon_i = \frac{\frac{d_i x}{x}}{\frac{dr_i}{r_i}} = \frac{\partial x}{\partial r_i} \cdot \frac{r_i}{x} \tag{1.13}$$

Sie gibt an, um wieviel sich die Ausbringungsmenge prozentual verändert, wenn sich die Einsatzmenge um einen marginalen Prozentsatz verändert[4]. Der zweite Term zeigt, dass die Produktionselastizität gleich dem Produkt aus Grenzproduktivität und Produktionskoeffizient ist.

Totalanalyse

Während bei der Partialanalyse nur die Einsatzmenge *eines* Produktionsfaktors variiert wird, betrachtet man bei der Totalanalyse die Auswirkung von Veränderungen der Einsatzmenge *aller* Produktionsfaktoren.

Totales Grenzprodukt

$$dx = \frac{\partial x}{\partial r_1} \cdot dr_1 + ... + \frac{\partial x}{\partial r_I} \cdot dr_I = \sum_{i=1}^{I} \frac{\partial x}{\partial r_i} \cdot dr_i.$$

Das totale Grenzprodukt gibt an, um wieviel sich die Ausbringungsmenge verändert, wenn die Einsatzmengen aller Faktoren um einen hinreichend kleinen Betrag verändert werden. Es entspricht der Summe der partiellen Grenzprodukte[5].

---

[4] Zur Erinnerung die mathematische Definition:
$\epsilon_i = \lim\limits_{\Delta r_i \to 0} \frac{f(r_1,\dots,r_{i-1},r_i+\Delta r_i,r_{i+1},\dots,r_I)-f(r_1-r_I)}{x} / \frac{\Delta r_i}{r_i}$

[5] In der Sprache der Mathematik ist das totale Grenzprodukt gerade das totale Differential von $x = f$ in $\underline{r} = \underline{\rho}$. Das heißt, mit $\underline{h} = (dr_1, ..., dr_I)$ ist $dx = df = df(\underline{\rho}, \underline{h})$ bei festem Wert $\underline{r} = \underline{\rho}$ auffassbar als lineare Abbildung $L : R_I \rightarrow R$, die durch $L(\underline{h}) = \sum_{i=1}^{I} \frac{\partial f}{\partial r_i}(\underline{\rho}) dr_i$ gegeben ist und wegen $\Delta f = f(\underline{\rho} + \underline{h}) - f(h) = L(\underline{h}) + R(\underline{h})$ (mit $\lim\limits_{\underline{h} \to 0} \frac{R(\underline{h})}{|\underline{h}|} = 0$) eine (lineare) Approximation von f in der Nähe des Punktes $\underline{r} = \underline{\rho}$ liefert.

Niveauvariation

Bei einer Niveauvariation werden die Einsatzmengen aller Faktoren mit dem gleichen Betrag multipliziert. Das Einsatzverhältnis der Faktoren untereinander bleibt also konstant. Es ändert sich nur das Produktionsniveau. In der Ausgangssituation werde

$$x^0 = f\left(r_1^0, ..., r_I^0\right)$$

produziert.

Nun werden alle Einsatzmengen mit einem Proportionalitätsfaktor λ, $\lambda > 0$, multipliziert, und man erreicht ein neues Produktionsniveau

$$x^1 = f\left(\lambda \cdot r_1^0, ..., \lambda \cdot r_I^0\right).$$

Wird eine Produktionsfunktion allgemein in der Form

$$\lambda^t \cdot x = f\left(\lambda \cdot r_1, ..., \lambda \cdot r_I\right)$$

geschrieben, dann ist sie homogen vom Grade t. Dies bedeutet, dass bei einer Multiplikation der Einsatzmengen aller Faktoren mit λ sich die Ausbringungsmenge um den Faktor λ^t verändert. Hinsichtlich des Homogenitätsgrades unterscheidet man drei Bereiche:

$t = 1$: Die Produktionsfunktion ist homogen vom Grade Eins oder linearhomogen. Die Ausbringungsmenge verändert sich im gleichen Ausmaß wie die Faktoreinsatzmengen.

$t > 1$: Die Produktionsfunktion ist überlinearhomogen. Die Ausbringungsmenge steigt bei einer Niveauvariation überproportional an.

$t < 1$: Die Produktionsfunktion ist unterlinearhomogen. Bei einer Niveauvariation steigt die Ausbringungsmenge unterproportional.

Die Auswirkungen einer Niveauvariation werden auch durch die Skalenelastizität ausgedrückt.

Skalenelastizität

$$t = \frac{\frac{d\widetilde{x}}{\widetilde{x}}}{\frac{d\lambda}{\lambda}} = \frac{d\widetilde{x}}{d\lambda} \cdot \frac{\lambda}{\widetilde{x}} \text{ mit } \widetilde{x} = \widetilde{x}(\lambda) = f(\lambda r_1, ..., \lambda r_I) \qquad (1.14)$$

Wie man sieht, entspricht die Skalenelastizität bei homogenen Produktionsfunktionen dem Homogenitätsgrad. Sie gibt an, um wieviel sich die Ausbringungsmenge prozentual verändert, wenn die Einsatzmengen aller Faktoren um den gleichen marginalen Prozentsatz verändert werden. Ist die Skalenelastizität größer Eins, so spricht man von zunehmenden Skalenerträgen, ist sie gleich Eins, so spricht man von konstanten Skalenerträgen, und ist sie kleiner Eins, so liegen abnehmende Skalenerträge vor.

Isoquante

Möchte man das Austauschverhältnis der Einsatzfaktoren untersuchen, so bedient man sich der Isoquante. Die Isoquante ist der geometrische Ort aller Faktoreinsatzkombinationen, die die gleiche Ausbringungsmenge erzeugen. Formal kann eine Isoquante zum Niveau $x = \overline{x}$ wie folgt dargestellt werden:

$$I_{\overline{x}} = \left\{ \underline{r} = (r_1, ..., r_I) \in R_I^+ : f(\underline{r}) = \overline{x} \right\}. \tag{1.15}$$

Lässt sich die Produktionsfunktion nach einem Faktor r_i auflösen, so ist die Isoquante auch mittels der resultierenden Faktoreinsatzfunktion:

$$r_i = g_i \left(r_1, .., r_{i-1}, r_{i+1}, ..r_I, \overline{x} \right) \tag{1.16}$$

beschreibbar.

Oft ist von Interesse, wie die einzelnen Einsatzfaktoren gegeneinander substituiert werden können. Ein Maß, das die Substitutionsmöglichkeit beschreibt, ist die *Grenzrate der Substitution*. Sie gibt ausgehend von einem festen Produktionspunkt auf der Isoquante an, um wieviel man die Einsatzmenge eines Faktors verringern kann, wenn die Einsatzmenge eines anderen Faktors um eine Einheit erhöht wird, und die Ausbringungsmenge sowie alle übrigen Faktoreinsatzmengen konstant gehalten werden. Je größer die absolute Grenzrate ist, desto einfacher kann durch den Faktor, dessen Einsatzmenge erhöht wird, der andere Faktor substituiert werden.

Formal ausgedrückt bedeutet dies mit (1.16):

$$s_{ij} = -\frac{\partial r_i}{\partial r_j} \qquad \text{für } i \neq j \text{ und } x = \overline{x} = const. \tag{1.17}$$

Die Grenzrate der Substitution entspricht dem Verhältnis der Grenzproduktivitäten zueinander. Dies kann ganz einfach gezeigt werden. Entlang einer Isoquante, d.h. für $\underline{r} = \underline{\rho} \in I_{\overline{x}}$, gilt unter der Annahme der Konstanz aller Faktoreinsatzmengen $r_k, k \neq i, j$,

$$x = f(\underline{\rho}) = \overline{x} = const. \tag{1.18}$$

sowie

$$\frac{\partial r_j}{\partial r_j} = 1, \frac{\partial r_i}{\partial r_j} = \frac{\partial g_i}{\partial r_j} \text{ und } \frac{\partial r_k}{\partial r_j} = 0 \text{ für } k \neq i, j. \tag{1.19}$$

Mit Hilfe der Kettenregel der Differentialrechnung erhält man durch partielles Differenzieren von (1.18) nach r_j (bei Weglassen der jeweiligen Argumente):

$$0 = \frac{\partial f}{\partial r_j} = \sum_{k=1}^{I} \frac{\partial f}{\partial r_k} \cdot \frac{\partial r_k}{\partial r_j} = \frac{\partial f}{\partial r_i} \cdot \frac{\partial r_i}{\partial r_j} + \frac{\partial f}{\partial r_j}, \tag{1.20}$$

woraus durch Umstellen mit $x = f(\underline{r})$ sofort das Resultat folgt:

$$-\frac{\partial r_i}{\partial r_j} = s_{ij} = \frac{\frac{\partial x}{\partial r_j}}{\frac{\partial x}{\partial r_i}}. \tag{1.21}$$

Man sieht also, dass die Grenzrate der Substitution dem reziproken Verhältnis der Grenzproduktivitäten entspricht.

In Abbildung 1.3 sind für verschiedene Produktionsniveaus die Isoquanten einer substitutionalen Produktionsfunktion dargestellt. Die negative Steigung der Isoquante ist dabei die Grenzrate der Substitution.

Arten von Produktionsfunktionen

Produktionsfunktionen können nach verschiedenen Aspekten klassifiziert werden. Ohne den Anspruch auf Vollständigkeit sollen hier einige Gliederungsmöglichkeiten vorgestellt werden.

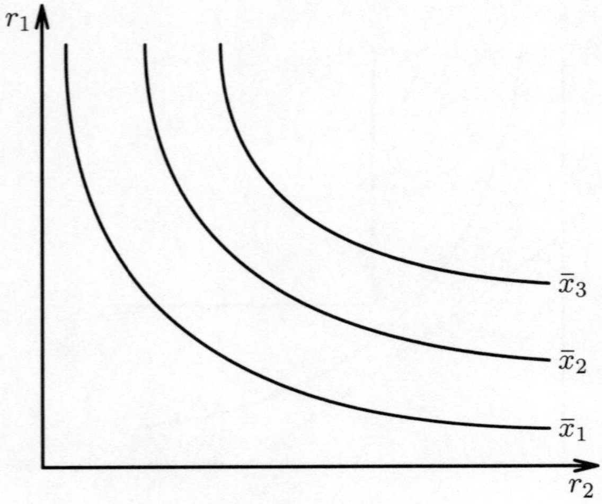

Abbildung 1.3: Isoquante einer substitutionalen Produktionsfunktion

Zum einen können Produktionsfunktionen nach dem Maß der Austauschfähigkeit der Einsatzfaktoren differenziert werden. Kann eine bestimmte Ausbringungsmenge nur mit einer bestimmten Kombination von Einsatzfaktoren effizient hergestellt werden, so spricht man von einer *limitationalen* Produktionsfunktion. Die Grenzrate der Substitution nimmt dann den Wert Null an, und die Isoquante reduziert sich auf einen Punkt. Können sich hingegen sämtliche Einsatzfaktoren gegenseitig substituieren, so spricht man von vollkommener *Substitution*. Bei diesem Beispiel kann man eine bestimmte Ausbringungsmenge selbst dann effizient produzieren, wenn ein Produktionsfaktor fehlt. Zwischen vollkommener Substitution und vollkommener Limitationalität liegt die periphere Substitution, bei der die Einsatzfaktoren teilweise gegeneinander ausgetauscht werden können. Abbildung 1.3.1 zeigt die zu den jeweiligen Produktionsfunktionen gehörenden Isoquanten, wobei $\bar{x}_1$ die vollkommene Substitution, $\bar{x}_2$ die periphere Substitution und $\bar{x}_3$ die vollkommene Limitationalität darstellen.

Substitutionale Produktionsfunktionen können des weiteren in klassische und neoklassische Produktionsfunktionen unterteilt werden. Die Eigenschaften der jeweiligen Produktions-

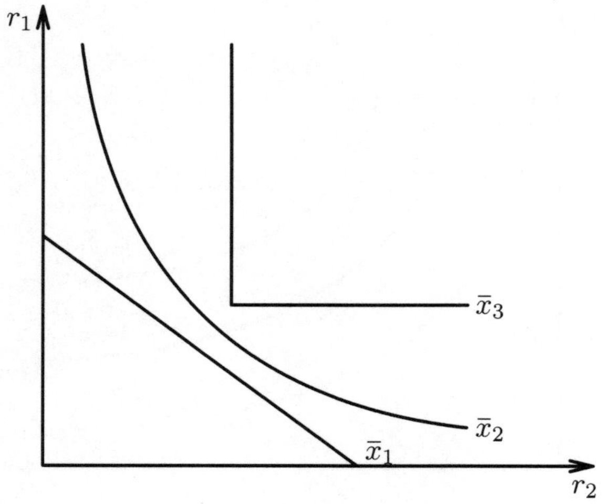

Abbildung 1.4: Komplementaritätsgrade von Produktionsfunktionen

funktionen werden weiter unten erläutert.

Limitationale Produktionsfunktionen können in linear-limitationale und nicht linear-limitationale Produktionsfunktionen unterteilt werden. Bei linear-limitationalen Produktionsfunktionen führt eine Verdoppelung der Ausbringungsmenge in jedem Fall zu einer Verdoppelung der Einsatzmengen aller Faktoren. Dies bedeutet, dass die Produktionskoeffizienten aller Einsatzfaktoren konstant sind. Bei nicht linear-limitationalen Produktionsfunktionen sind die Produktionskoeffizienten zum Teil variabel. Das Verhältnis zwischen der Einsatzmenge eines Faktors und der Ausbringungsmenge ist nun nicht mehr konstant.

Die Zeit ist ein anderer Aspekt zur Unterteilung von Produktionsfunktionen. Zum Beispiel gibt es *statische* Produktionsfunktionen, die zeitliche Aspekte nicht beachten. *Dynamische* Produktionsfunktionen können wiederum danach unterteilt werden, ob sie langfristige oder kurzfristige Aspekte berücksichtigen. Zum einen werden Aspekte wie Produktionsdauer oder Transportdauer betrachtet, zum anderen Erfahrungseffekte und die Entwicklung der Produktionsbedingungen im Zeitablauf. Auch kann man Produktionsfunktionen nach der

Anzahl der produzierten Güterarten differenzieren. Bei den traditionellen Produktionsfunktionen nimmt man an, dass nur eine Produktart hergestellt wird. In der modernen Produktionstheorie wird hingegen oft ein *Mehr-Produkt-Unternehmen* unterstellt. Dabei kann man zwischen verbundener und unverbundener Produktion unterscheiden. Von *unverbundener* Produktion spricht man, wenn keine Verbindung zwischen den Produktionsprozessen der verschiedenen Güter besteht. Dies ist eher der Ausnahmefall. In der Realität findet man häufiger die *verbundene* Produktion, die sich wiederum durch die Art der Verbindung zwischen den Produkten unterscheidet. Zum einen gibt es die *Alternativproduktion*, bei der die Güter um die Produktionsfaktoren konkurrieren. Zum anderen gibt es die *Kuppelproduktion*, bei der aufgrund technologischer Bedingungen immer mehrere Produkte entstehen. Das Verhältnis zwischen den Ausbringungsmengen kann dabei konstant (starre Kuppelproduktion) oder variabel (elastische Kuppelproduktion) sein. Bei genauer Betrachtung von Produktionsprozessen fällt auf, dass beinahe jeder Produktionsprozess eine Kuppelproduktion darstellt. Bei jeder Produktion eines Gutes fallen andere Produkte wie Abfallprodukte oder Nebenprodukte an, deren Entstehung entweder nicht vermieden werden kann oder aber sogar unerwünscht ist.

Verbundene Mehr-Produkt-Produktionsfunktionen können auch danach unterschieden werden, ob *Kostenkomplementaritäten* zwischen den Produkten vorliegen. Kostenkomplementaritäten liegen dann vor, wenn es billiger ist, zwei Produkte zusammen anstatt getrennt zu produzieren.

Die letzte Gliederungsmöglichkeit, die hier erwähnt werden soll, ist der Zusammenhang zwischen Input-und Outputmengen. Produktionsfunktionen können demnach unterschieden werden, ob sie einen *deterministischen* oder einen *stochastischen* Zusammenhang unterstellen.

Natürlich können alle erwähnten Gliederungsaspekte auch kombiniert werden. Wie man unschwer an der Struktur dieses Buches erkennen kann, wird auch hier eine gemischte Form der Gliederung verwendet.

1.3.2 Aufgaben

1. Gegeben sei folgende Produktionsfunktion:

$$x = 2r_1^2 \cdot r_2 + \frac{1}{2} \cdot r_3$$

a) Bestimmen Sie für alle Einsatzfaktoren die Produktivität, den Produktionskoeffizienten, die Grenzproduktivität und die Produktionselastizität!
b) Zeichnen Sie die Produktionsfunktion in Abhängigkeit des Einsatzfaktors 2. Wie verändert sich die Produktionsfunktion, wenn man die Einsatzmengen der anderen Faktoren variiert? Skizzieren Sie dies beispielhaft.
c) Führen Sie nun eine Totalanalyse durch! Handelt es sich um eine homogene Produktionsfunktion?

2. Gegeben ist folgende Produktionsfunktion

$$x = 3r_1 + 2r_2$$

a) Berechnen Sie die partielle Grenzproduktivität des Faktors r_1 aus der Ertragsfunktion.
b) Was besagt eine positive partielle Grenzproduktivität? Sind Fälle denkbar, in denen die Grenzproduktivität negativ ist?
c) Wie groß ist die Änderung der Grenzproduktivität von r_1?
d) Berechnen Sie das partielle Grenzprodukt von r_2, wenn dieser Faktor um 0,1 Mengeneinheiten erhöht wird.

3. Gegeben ist folgende Produktionsfunktion:

$$x = \sqrt{r_1 r_2}$$

a.) Berechnen Sie das totale Grenzprodukt, wenn von jedem Faktor bisher zwei Einheiten eingesetzt wurden, und sich die Einsatzmenge beider Faktoren um eine Einheit erhöht.
b.) Wie groß ist die Produktionselastizität von r_1, wenn jeweils zwei Mengeneinheiten jedes Faktors eingesetzt werden. Was besagt diese Elastizität?

4. Die folgenden Produktionsfunktionen sind auf Homogenität und gegebenenfalls auf den Homogenitätsgrad zu prüfen (vgl. Ellinger/Haupt, 1996, S. 41):

$$\begin{aligned} \text{a) } x &= 1,5 r_1 \sqrt{r_2} \\ \text{b) } x &= 1,5 r_1 + \sqrt{r_2} \\ \text{c) } x &= 1,5 r_1 + r_2 \\ \text{d) } x &= 1,5 r_1 \sqrt{r_2} + \sqrt{{r_2}^3} \\ \text{e) } x &= \frac{1,5 r_1 \sqrt{r_2}}{\sqrt{r_1 + r_2}} \end{aligned}$$

5. Gegeben seien folgende Produktionsfunktionen:

$$\begin{aligned} \text{a) } x &= 1,5 r_1 \sqrt{r_2} \\ \text{b) } x &= 1,5 r_1 + \sqrt{r_2} \\ \text{c) } x &= 1,5 r_1 + r_2 \\ \text{d) } x &= 1,5 r_1 \sqrt{r_2} + \sqrt{{r_2}^3} \end{aligned}$$

Berechnen Sie hierfür jeweils:
i) Die partielle Grenzproduktivität von r_2.
ii) Die Änderung der Grenzproduktivität von r_2.
iii) Das partielle Grenzprodukt von r_1 , wenn r_1 um $0,2$ Mengeneinheiten erhöht wird.
iv) Das totale Grenzprodukt an der Stelle $r_1 = 1$ und $r_2 = 1$, wenn beide Faktoren um eine Einheit erhöht werden.
v) Wie groß ist die Produktionselastizität von r_1 an der Stelle $r_1 = 4$ und $r_2 = 2$?

6. Gegeben sei die Produktionsfunktion $x = r_1 + 2{r_1}^{0,5}{r_2}^2 + r_3$. Berechnen Sie an der Stelle $(x; r_1; r_2; r_3) = (x; 9; 1; 4)$
a) alle drei Produktionselastizitäten und
b) alle drei Durchschnittserträge!
c) An welcher Stelle ist die Funktion homogen?

7. Gegeben sei die Produktionsfunktion $x = \sqrt{r_j r_i} = r_j^{0,5} r_i^{0,5}$. Berechnen Sie die Grenzrate der Substitution zwischen r_j und r_i für $r_j = 1$ und $r_i = 4$.

8. Berechnen Sie die Grenzrate der Substitution s_{12} für die Produktionsfunktion $x = 2r_1 + 3r_2$.

9. Für die Produktionsfunktion $x = 4r_1 + 2r_1 r_2$ gelte für einen bestimmten Produktionspunkt $(x, r_{1,} r_2)$ als Grenzrate der Substitution:

$$s_{12} = -\frac{dr_1}{dr_2} = 0,4$$

Bestimmen Sie die zu dieser Substitutionsrate zugehörigen Einsatzmengen von r_1 und r_2 für eine Ausbringungsmenge von $x = 20$.

1.4 Kostentheoretische Grundlagen

Obwohl sich die Produktionstheorie überwiegend mit produktiven Zusammenhängen beschäftigt, soll der Kostenaspekt nicht außer Acht gelassen werden. Zunächst wird der Übergang von der mengenmäßigen zur wertmäßigen Betrachtung und die Minimalkostenkombination beschrieben. Danach werden einige kostentheoretische Grundbegriffe eingeführt, die im weiteren Verlauf für die Analyse unterschiedlicher Kostenfunktionen Verwendung finden.

1.4.1 Minimalkostenkombination

In der Produktionstheorie werden nur quantitative Zusammenhänge dargestellt. Untersucht wird, wie die Mengen der Einsatzfaktoren von der Menge der hergestellten Güter abhängen. Ebenso interessieren, welche Kosten bei einer bestimmten Ausbringungsmenge entstehen. Um hierüber Aufschluß zu erhalten, muss man die Einsatzfaktoren mit ihren Faktorpreisen bewerten. Gibt es mehrere Möglichkeiten eine bestimmte Menge an Produkteinheiten effizient zu produzieren, so stellt sich das Problem, die kostengünstigste Faktoreinsatzkombination zu finden. Diese Faktoreinsatzkombination nennt man die *Minimalkostenkombination*. Wie man diese bei limitationalen und substitutionalen Produktionsfunktionen findet, und wie man daraus die Kostenfunktion ableitet, soll in den nächsten beiden Abschnitten allgemein gezeigt werden.

Minimalkostenkombination bei limitationalen Produktionsfunktionen

Sucht man die Kombination von Einsatzfaktoren, die bei gegebener Ausbringungsmenge die geringsten Kosten verursacht, so genügt es, sich auf die effizienten Prozesse zu beschränken; denn nur effiziente Kombinationsprozesse können auch kostenminimal sein. Dies vereinfacht die Bestimmung der Minimalkostenkombination bei einer limitationalen Produktionsfunktion. Da es bei einer limitationalen Produktionsfunktion für jede Ausbringungsmenge nur eine effiziente Faktoreinsatzkombination gibt, ist diese Kombination auch gleichzeitig die Minimalkostenkombination.

Minimalkostenkombination bei substitutionalen Produktionsfunktionen

Bei substitutionalen Produktionsfunktionen ist die Bestimmung der Minimalkostenkombination bedeutend schwieriger. Um das Problem einfach zu halten, soll eine Produktionsfunktion betrachtet werden, bei der ein Gut mit zwei Produktionsfaktoren produziert wird. Zudem soll die Bestimmung der Minimalkostenkombination nur graphisch geschehen. Die algebraische Bestimmung soll dann für die jeweilige Produktionsfunktion weiter unten erfolgen.

Bei der Ermittlung der Minimalkostenkombination einer substitutionalen Produktionsfunktion geht man von einer festen Ausbringungsmenge aus und sucht die Kombination von Einsatzfaktoren, die die geringsten Kosten erzeugt. Graphisch bedeutet dies, dass man den Punkt auf der entsprechenden Isoquante sucht, der mit den niedrigsten Kosten verbunden ist. Die Höhe der Kosten wird dabei durch eine Kostenisoquante dargestellt. Die Kostenisoquante ist der Ort aller Faktoreinsatzkombinationen, die bei gegebenen Faktorpreisen zu den gleichen Kosten führen. Im Zwei-Faktoren Fall hat die Kostenfunktion folgende Form:

$$K = q_1 r_1 + q_2 r_2$$

Dabei sind K die anfallenden Kosten und q_i die Faktorpreise. Die Kostenisoquante erhält man, indem die Kosten konstant gesetzt und die Kostenfunktion nach r_1 oder r_2 aufgelöst werden:

$$r_1 = \frac{\overline{K}}{q_1} - \frac{q_2}{q_1} r_2.$$

Graphisch sieht das folgermaßen aus (siehe Abbildung 1.5):

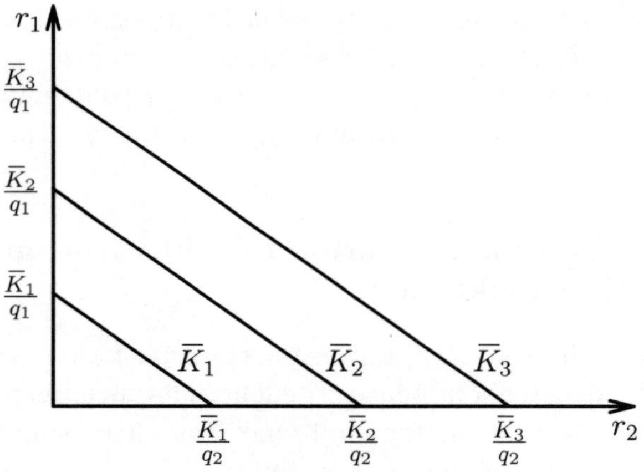

Abbildung 1.5: Kostenisoquanten

Je weiter eine Kostenisoquante im 'Nord-Osten' liegt, desto höher sind die Kosten, die sie widerspiegelt. Möchte man bei gegebener Ausbringungsmenge die Minimalkostenkombination finden, dann wird auf der zugehörigen Ertragsisoquante der Punkt gesucht, der auf der niedrigsten Kostenisoquante liegt.

In Abbildung 1.6 spiegelt die Ertragsisoquante die gewünschte Ausbringungsmenge wider. Es wird deutlich, dass der Tangentialpunkt der mittleren Kostenisoquante mit der Ertragsisoquante die Minimalkostenkombination darstellt. Da die Steigung der Kostenisoquante das Preisverhältnis ist und die Steigung der Ertragsisoquante die Grenzrate der Substitution, muss im Kostenoptimum folgendes gelten:

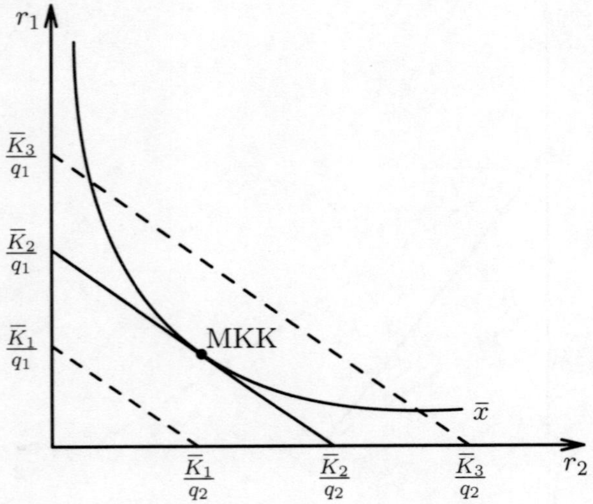

Abbildung 1.6: Minimalkostenkombination

$$s_{12} = -\frac{dr_1}{dr_2} = \frac{q_2}{q_1}.$$

Dies gilt allerdings nur für *konvex* verlaufende Ertragsisoquanten. Verläuft die Ertragsisoquante hingegen linear oder konkav, so ist eine Randlösung optimal. Abbildung 1.7 verdeutlicht dies für eine linear verlaufende Ertragsisoquante.

Die Graphik zeigt, dass immer zwei Randlösungen existieren. Optimal ist die Randlösung, die den Schnittpunkt mit der weiter im 'Süd-Westen' liegenden Kostenisoquante widerspiegelt. Graphisch gesehen ist es die Randlösung, wo sich die Kostenisoquante K_1 und die Ertragsisoquante x berühren (Punkt A).

Algebraisch bestehen mehrere Möglichkeiten, die kostenoptimale Randlösung zu bestimmen. Bei der einfachsten Methode, die auch bei konkaven Ertragsisoquanten anwendbar ist, berechnet man die zu der jeweiligen Randlösung gehörenden Kosten und vergleicht diese miteinander.

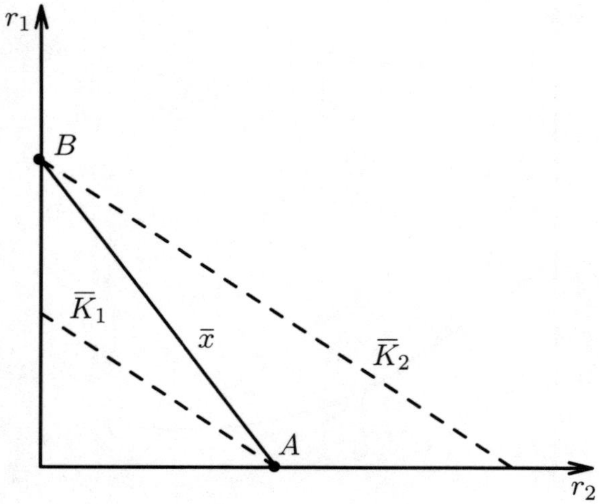

Abbildung 1.7: Kostenminimum bei linear verlaufenden Ertragsisoquanten

Kostentheoretische Grundbegriffe

In diesem Abschnitt werden kostentheoretische Begriffe eingeführt, die zur Beschreibung von Kostenfunktionen benötigt werden.

Gesamtkosten
Die Gesamtkosten sind die Kosten, die bei einer bestimmten Ausbringungsmenge insgesamt anfallen:

$$K = K(x). \tag{1.22}$$

Sie setzen sich aus den variablen und den fixen Kosten zusammen:

$$K(x) = K_v + K_f. \tag{1.23}$$

Variable Kosten
Variable Kosten variieren mit der Höhe der Ausbringungsmenge:

$$K_v = K_v(x). \tag{1.24}$$

Fixe Kosten
Im Gegensatz zu den variablen Kosten verändern sich die fixen Kosten bei einer Variation der Ausbringungsmenge nicht:

$$K_f = c. \tag{1.25}$$

Sie fallen auch an, wenn überhaupt nicht produziert wird. Eine spezielle Form von fixen Kosten sind *sprung- oder intervallfixe* Kosten. Bei Änderungen der Ausbringungsmenge innerhalb gewisser Intervalle sind sie konstant. Wird jedoch die Ausbringungsmenge über ein bestimmtes Intervall hinaus erhöht oder verringert, so erhöhen bzw. verringern sich auch die sprungfixen Kosten. Erklärt werden können diese Kosten mit Kapazitätsgrenzen. Wird z.B. die Kapazität einer Maschine überschritten, so muss eine neue Maschine angeschafft werden, um die gewünschte Ausbringungsmenge fertigen zu können. Es fallen zusätzliche Kosten in Form von zusätzlichen Abschreibungen für die neue Maschine an. Wird hingegen die Ausbringungsmenge verringert, so kann eine Maschine verkauft werden, und die Abschreibungen verringern sich dementsprechend. Ob bestimmte Kosten fix oder variabel sind, hängt auch vom Betrachtungszeitraum ab.

Gesamtkosten pro Stück
Die Gesamtkosten pro Stück geben an, was die Erzeugung einer Produktionseinheit kostet, wenn die Kosten gleichmäßig auf alle Produktionseinheiten verteilt werden. Rechnerisch ergeben sie sich durch die Division von Gesamtkosten und Ausbringungsmenge:

$$k(x) = \frac{K(x)}{x}. \tag{1.26}$$

Analog werden auch die Begriffe Stückgesamtkosten, Durchschnittskosten oder Stückkosten verwendet.

Variable Durchschnittskosten
Die variablen Durchschnittskosten erhält man durch Division der variablen Kosten durch die Ausbringungsmenge:

$$k_v(x) = \frac{K_v(x)}{x}. \tag{1.27}$$

Fixe Durchschnittskosten
Analog dazu erhält man die fixen Durchschnittskosten durch Division der Fixkosten durch die Ausbringungsmenge:

$$k_f = \frac{K_f}{x}. \tag{1.28}$$

Aus der Zusammensetzung der Gesamtkosten

$$K(x) = K_f + K_v(x)$$

sieht man, dass die Gesamtkosten pro Stück gleich der Summe der variablen und der fixen Durchschnittskosten sind:

$$\frac{K(x)}{x} = \frac{K_f}{x} + \frac{K_v(x)}{x}.$$

Weiter wird deutlich, dass die variablen Durchschnittskosten immer unterhalb der Gesamtstückkosten verlaufen und sich mit zunehmender Ausbringungsmenge an diese annähern.

Grenzkosten
Unter Grenzkosten versteht man die Veränderung der Gesamtkosten bei einer marginalen Veränderung der Ausbringungsmenge. Ist die Kostenfunktion differenzierbar, so erhält man sie durch Differenzierung der Gesamtkostenfunktion nach der Ausbringungsmenge x:

$$\frac{dK(x)}{dx} = \frac{dK_f}{dx} + \frac{dK_v(x)}{dx}.$$

Da die Fixkosten unabhängig von der Ausbringungsmenge sind, ist

$$\frac{dK_f}{dx} = 0.$$

Somit entsprechen die Grenzkosten der ersten Ableitung der variablen Kosten:

$$\frac{dK(x)}{dx} = \frac{dK_v(x)}{dx} = K'(x).$$

In den Abbildungen 1.8 und 1.9 sind zwei typische Kostenverläufe mit den zugehörigen Grenz- und Durchschnittskostenverläufen dargestellt.

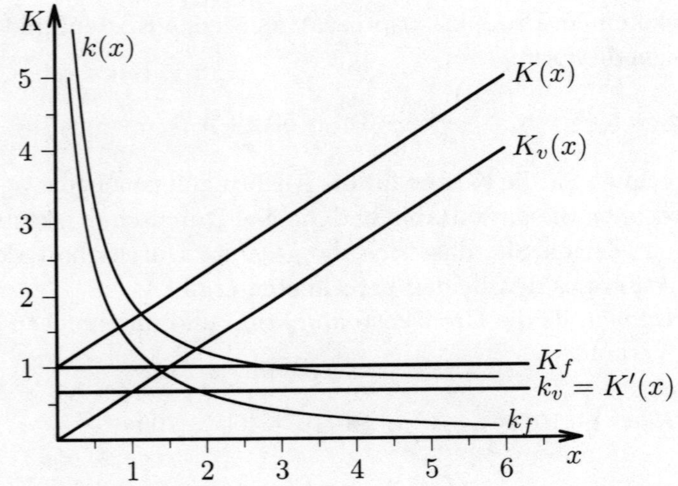

Abbildung 1.8: Lineare Kosten

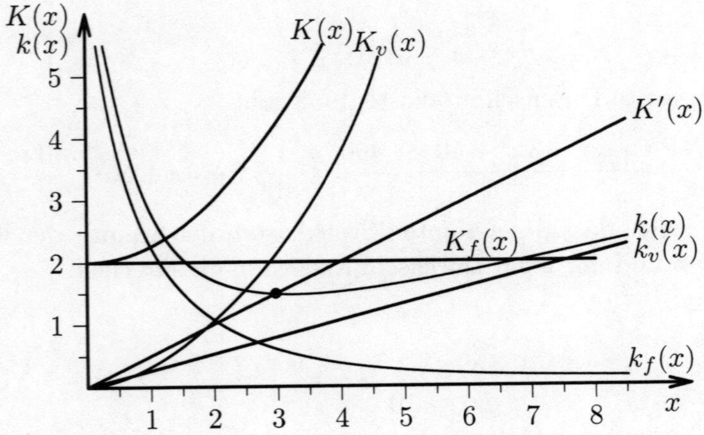

Abbildung 1.9: Progressive Kosten

1.4.2 Beispiele und Aufgaben

Beispiel

1. Die zu einem Produktionsprozess gehörende Kostenfunktion hat folgende Form:

$$K = \frac{1}{10}x^3 - 3x^2 + 50x + 400$$

a) Berechnen Sie die Kosten für die Ausbringungsmenge $x = 10$.
b) Berechnen Sie die variable und die fixe Durchschnittskostenfunktion. Zeigen Sie, dass sich die gesamte Durchschnittskostenfunktion aus den beiden berechneten ergibt.
c) Berechnen Sie die Grenzkostenfunktion und untersuchen Sie deren Verlauf.

zu a) $K = \frac{1}{10} \cdot 10^3 - 3 \cdot 10^2 + 50 \cdot 10 + 400 = 700$

zu b) variable Durchschnittskostenfunktion:

$$\begin{aligned} \frac{K_v}{x} &= \frac{\frac{1}{10}x^3 - 3x^2 + 50x}{x} \\ &= \frac{1}{10}x^2 - 3x + 50 \end{aligned}$$

fixe Durchschnittskostenfunktion:

$$\frac{K_f}{x} = \frac{400}{x}$$

gesamte Durchschnittskostenfunktion:

$$\frac{K}{x} = \frac{\frac{1}{10}x^3 - 3x^2 + 50x + 400}{x} = \frac{1}{10}x^2 - 3x + 50 + \frac{400}{x}$$

Man sieht, dass die gesamten Stückkosten der Summe der variablen und der fixen Durchschnittskosten entsprechen.

zu c)

$$\frac{dK}{dx} = \frac{3}{10}x^2 - 6x + 50$$

Den Verlauf der Grenzkostenfunktion untersucht man, indem man die zweite Ableitung bildet:

$$\frac{d^2K}{dx^2} = \frac{3}{5}x - 6$$

Man sieht, dass die Grenzkosten bis zu der Ausbringungsmenge $x = 10$ fallen. Danach steigen sie wieder an.

2. Es liegen folgende Produktionsfunktionen und Faktoreinsatzfunktionen vor:

$$\begin{aligned} 1.)\ x &= r_1 r_2 \\ 2.)\ x &= r_1 + r_2 \\ 3.)\ x &= r_1^2 + r_2^2 \\ 4.)\ r_1 &= 2x \\ r_2 &= 3x \end{aligned}$$

Die Preise der Einsatzfaktoren betragen $q_1 = 1$ und $q_2 = 2$. Leiten Sie für jede Produktionsfunktion die Minimalkostenkombination graphisch für die Ausbringungsmenge $x = 5$ her. Bevor die Minimalkostenkombination für jede einzelne Produktionsfunktion ermittelt wird, soll die Funktion der Kostenisoquante bestimmt werden:

$$\begin{aligned} K &= q_1 \cdot r_1 + q_2 \cdot r_2 \\ &= r_1 + 2r_2 \\ &\Leftrightarrow r_1 = K - 2r_2 \end{aligned}$$

zu 1.) Die Isoquantenfunktion für $x = 5$ sieht wie folgt aus:

$$r_1 = \frac{5}{r_2}.$$

In Abbildung 1.10 ist sie graphisch dargestellt.

zu 2.) Die Isoquantenfunktion für $x = 5$ sieht wie folgt aus (vgl. Abbildung 1.11):

$$r_1 = 5 - r_2.$$

Man sieht, dass wegen des linearen Verlaufs der Isoquante eine Randlösung kostenminimal ist. In diesem Fall ist $r_1 = 5$ und $r_2 = 0$ kostenminimal.

zu 3.) Die Isoquantenfunktion hat folgende Form (siehe Abbildung 1.12):

$$r_1 = \sqrt{5 - r_2^2}$$

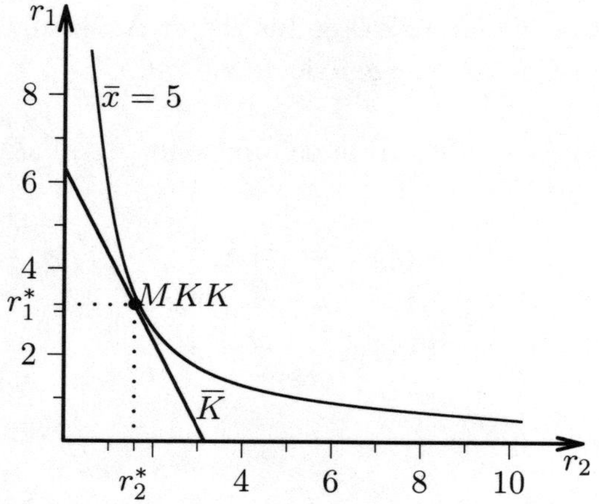

Abbildung 1.10: Kostenminimum Beispielaufgabe 2.1)

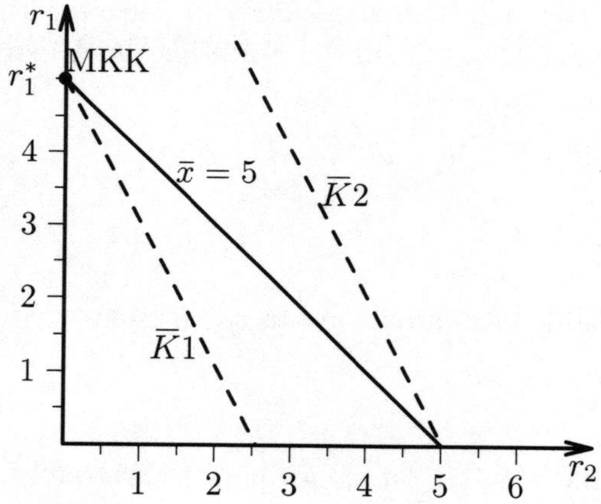

Abbildung 1.11: Kostenminimum Beispielaufgabe 2.2)

zu 4.) Siehe Abbildung 1.13.

Aufgaben

1. Was sagt die Kostenfunktion aus? Ist jede effiziente Produktionsalternative auch gleichzeitig die kostenminimale? Begründen Sie Ihre Aussage!

2. Erläutern Sie den Unterschied zwischen absolut fixen, sprungfixen und variablen Kosten. Inwiefern ist der Betrachtungszeit-

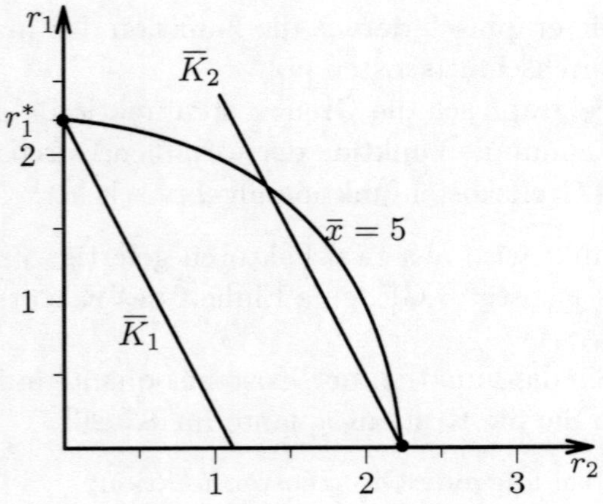

Abbildung 1.12: Kostenminimum Beispielaufgabe 2.3)

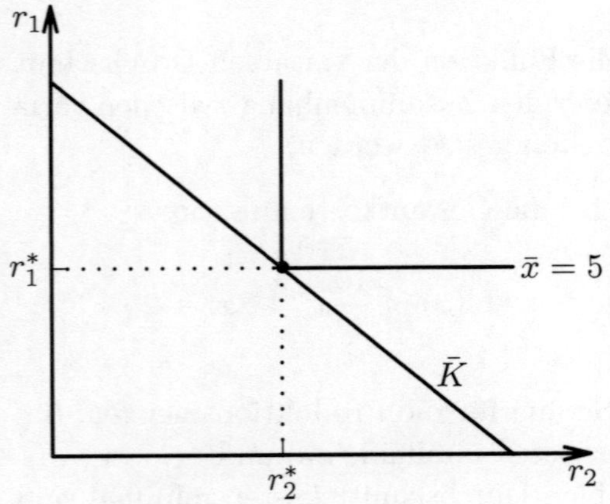

Abbildung 1.13: Kostenminimum Beispielaufgabe 2.4)

raum von Bedeutung?

3. Erklären Sie die Begriffe Gesamtkosten, Fixkosten, variable Kosten, Grenzkosten und Durchschnittskosten!

4. Gegeben sei folgende Kostenfunktion:

$$K(x) = 2 \cdot x^2 + 1,5 \cdot x + 10$$

a) Zeichnen Sie die Kostenfunktion!

b) Leiten Sie graphisch daraus die Funktion der variablen und der fixen Durchschnittskosten ab!
c) Leiten Sie graphisch die Grenzkostenfunktion ab!
d) Leiten Sie nun die Funktion der variablen Durchschnittskosten und die Grenzkostenfunktion algebraisch her!

5. Ein Produkt wird aus zwei Faktoren gefertigt. Eine Einheit des Faktors 1 kostet 3 GE, eine Einheit des Faktors 2 kostet 4 GE.
a) Stellen Sie die Funktion der Kostenisoquante auf!
b) Zeichnen Sie die Kostenisoquante für K=20!

6. Gegeben sei folgende Grenzkostenfunktion:

$$K'(x) = 0,5 \cdot x + 3.$$

Leiten Sie die Funktion der variablen Durchschnittskosten ab. Was kann über den Zusammenhang zwischen variablen Kosten und Grenzkosten gesagt werden?

7. Gegeben sei die Gesamtkostenfunktion

$$K(x) = \frac{10}{3}x^3 - 2x^2 + 20.$$

Berechnen Sie hierfür die Produktionsmengen, für die
a) die Grenzkosten minimal sind und
b) die variablen Durchschnittskosten minimal sind.

8. Gegeben sei die Kostenfunktion

$$K = 2x^3 - x^2 + 3900.$$

Bestimmen Sie jeweils die Produktionsmenge x, bei der die
a) variablen Kosten,
b) Grenzkosten und
c) variablen Durchschnittskosten minimal sind.

9. Gegeben sei die Kostenfunktion

$$K(x) = 4x^3 - x^2 + 25.$$

Geben Sie für $x = 10$ die Höhe
a) der variablen Stückkosten,
b) der Grenzkosten und
c) der durchschnittlichen Fixkosten an.
d) Berechnen Sie die Minima von Grenz- und variablen Kosten.

1.5 Produktionsprozess: Beispiel Zementindustrie

Im Mittelpunkt des Produktionsprozesses steht die Transformation von Input- in Outputgüter. In der Theorie wird aus analytischen Gründen der Produktionsprozess bewusst sehr einfach dargestellt. In der Realität dagegen gestaltet er sich wesentlich komplexer. Um den Blick auf die Realität nicht zu verlieren, soll am Beispiel der Zementindustrie der Prozess zur Produktion von Zement beschrieben werden[6].

Das Produkt Zement

Das Produkt Zement ist eines der wichtigsten Baustoffe. Es wird anderen Baustoffen zugefügt, und mit Wasser vermischt löst es chemische Reaktionen aus, die zur Erhärtung des Baumaterials führen. Zement entsteht durch sehr feines Mahlen von Klinkern unter Zusatz von Gips und Anhydrit sowie je nach Einsatzzweck auch von anderen Zusätzen. Zement gilt irrtümlicherweise als homogenes Massengut. Hergestellt werden zahlreiche unterschiedliche Zementprodukte. Unterschieden werden zwei Arten von Zement: normierte und nicht-normierte Zementarten.

In Europa werden 27 verschiedene *normierte* Zementprodukte unterschieden. Dabei hat Portlandzement die größte Bedeutung und weist mit ca. 65 Prozent den größten Absatzanteil aus. *Nicht-normierte* Zementarten werden als Spezialbindemittel bezeichnet und unterliegen der bauaufsichtlichen Zulassung. Sie werden für spezielle Anwendungen wie bspw. zum Auskleiden von Bohrlöchern eingesetzt.

[6] Die Ausführungen basieren teilweise auf der Studie von Schwalbach (1984).

Der Produktionsprozess

Der erweiterte Produktionsprozess von Zement besteht aus *sechs Stufen.* Abbildung 1.14 verdeutlicht den Prozess graphisch.

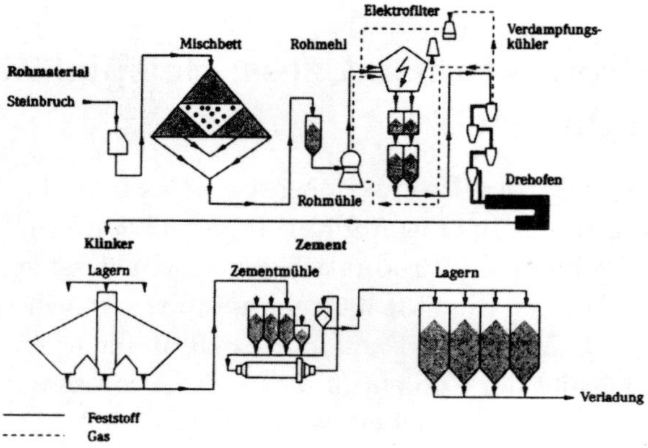

Abbildung 1.14: Zementproduktion

Stufe 1: *Gewinnung des Rohstoffe*
Die wichtigsten Rohstoffe für die Herstellung von Zement sind Kalkstein, Ton und Mergel. Sie werden in Steinbrüchen durch Sprengen oder mit schwerem Gerät gewonnen. Radlader und Muldenkipper transportieren die Rohmaterialien zu den Brecheranlagen. Dort wird das Gestein grob auf die Größe von Straßenschotter zerkleinert.

Stufe 2: *Lagerung und Homogenisierung des Rohstoffes*
Der Rohschotter wird über Förderbänder, mit Seil- oder Schienenbahnen und in Ausnahmen auch mit LKWs in die Schotterhalle des Zementwerks transportiert, wo es in Mischbetten eingelagert und homogenisiert (vereinheitlicht) wird.

Stufe 3: *Trocknung und Rohmahlung*
Die gewünschte Rohmischung aus Schotter und den je nach Zementsorte erforderlichen Zusatzstoffen wie z.B. Quarzsand und Eisenerz wird über Dosiereinrichtungen hergestellt. Walzenschüssel- und Kugelmühlen vermahlen das Gemisch mehlfein und trocknen es gleichzeitig, bevor es zur weiteren Homogenisierung in die Rohmehlsilos gefördert wird.

Stufe 4: *Brennen des Rohmehls zu Zementklinker*
Das Brennen des Rohmehls erfolgt in Öfen, die nach unterschiedlichen Verfahren arbeiten und sich hauptsächlich in der Vorbereitung und Vorwärmung des Brenngutes unterscheiden. In ihnen entsteht durch chemische Umwandlung, der sogenannten Sinterung, ein neues Zwischenprodukt: der *Zementklinker*.

Zementklinker werden überwiegend im sog. Trockenverfahren im Drehrohrofen mit vorgeschaltetem Zyklonvorwärmer und nachgeschaltetem Klinkerkühler hergestellt. Bei der thermischen Behandlung des Rohmehls im Ofen beträgt die Temperatur in der Sinterzone ca. 1.450°C und die der für die Bildung der Klinkerminerale erforderlichen Verbrennungsgase 2.000°C. Dabei entstehen verfahrensbedingt Stickoxide, die durch primäre oder sekundäre Maßnahmen gemindert werden können. Der Emissionsminderungsgrad wird wesentlich durch gesetzliche Rahmenbedingungen bestimmt. Umweltrelevante Emissionen sind Staub und NOx , insbesondere bei Abfallmitverbrennung zusätzlich HCl, Hg und SO2 sowie gegebenenfalls Dioxine.

Stufe 5: *Zementmahlung*
Nach dem Brennen wird der Klinker heruntergekühlt und in Klinkersilos gelagert, um wechselnde Bedarfsmengen aufzufangen. Von dort gelangt der Klinker in Kugel- oder Gutbettwalzenmühlen, in denen er unter Zusatz von Gips und Anhydrit zu sehr feinem Zement gemahlen wird.

Stufe 6: *Lagern und Versenden*
Der fertige Zement wird nach Arten und Festigkeitsklassen getrennt in Silos zwischengelagert. Von dort wird er überwiegend als lose Ware über Terminals auf Straßen- und Schienenfahrzeuge oder auf Schiffe verladen. Nur ein kleiner Anteil des Zements erreicht den Kunden als 25 kg-Sackware, abgefüllt durch Rotopacker und gestapelt über automatische Palettieranlagen.

Kostenfaktoren

Bei der Produktion von Zement sind im wesentlichen folgende Kostenfaktoren von Bedeutung: Energie-, Arbeits-, Kapital- und Transportkosten. Der wichtigste Kostenfaktor sind die Kapitalkosten. Sie können einen Anteil von knapp 40 % der Gesamtkosten betragen. Die Transportkosten sind mit einem Kostenanteil von ca. 20 % der zweitwichtigste Kostenfaktor. An dritter Stelle folgen die Arbeitskosten mit ca. 15 %, gefolgt von den Energiekosten mit ca. 12% der Gesamtkosten.

Kapitalkosten

Die Zementindustrie ist sehr kapitalintensiv. Für ein modernes Zementwerk mit einer Kapazität von von 1,6 Millionen Tonnen pro Jahr muß mit Investitionskosten in Höhe von ca. 350 Millionen Euro gerechnet werden. Als Abschreibungslaufzeiten werden 20-30 Jahre angenommen. Die Investitionskosten pro Tonne Ofenkapazität verlaufen stark degressiv, was zur Folge hat, dass relativ große Einzelöfen errichtet werden. Schätzungen ergeben, dass die Kostendegression bei einer Kapazität einer Neuanlage in Höhe von 4,5 Millionen Tronnen pro Jahr erschöpft ist. Die sog. optimale Betriebsgröße hängt jedoch von den Standorten der Rohstoffvorkommen und der Größe des Absatzmarkts ab. Je höher die Transportkosten sind und je kleiner der Absatzmarkt ist, desto geringer wird die optimale Betriebsgröße sein.

Transportkosten

Die Zementindustrie ist eine transportkostenintensive Industrie. Die Transportkosten entstehen bei der Beschaffung von Rohstoffen und beim Transport von Zement zum Abnehmer. Aufgrund der hohen Transportkosten befinden sich die Zementwerke in der Nähe der Rohstoffvorkommen. Das Fertigprodukt Zement wird nahezu ausschließlich mit LKWs zum Abnehmer transportiert. Manche Hersteller betreiben die Klinkerherstellung und die Mahlwerke räumlich getrennt und transportieren das Zwischenprodukt Klinker in der Regel mit der Bahn oder mit der Binnenschifffahrt zum Mahlwerk. Insbesondere in stark konzentierten Absatzmärkten werden Zementmahlwerke in der Nähe der Absatzmärkte betrieben.

Energiekosten

Die Energiekosten setzen sich aus den Kosten für elektrischen Strom und für Brennstoffenergie zusammen. Elektrische Energie wird für die Rohstoffaufarbeitung, für das Brennen und Kühlen der Klinker und für die Zementmahlung verwendet.

Brennstoffe werden vornehmlich für die Klinkerherstellung eingesetzt. Unter den Brennstoffen nehmen insbesondere die fossilen Brennstoffe wie Steinkohle und Braunkohlenstaub den weitaus größten Anteil ein, jedoch gewinnen die Sekundärbrennstoffe wie Altreifen/Gummi, Altöl aber auch Tierrückstände zunehmend an Bedeutung. Die Abfallbeseitigung wird dadurch zum Koppelprodukt der Zementindustrie und erlaubt deutliche Kosteneinsparungen bei den Energiekosten, da Primärbrennstoffe eingespart werden können, und die Unternehmen zum Teil Zuzahlungen für die Verbrennung der Sekundärbrennstoffe erhalten.

Kapitel 2

Substitutionale Ein-Produkt-Produktionsfunktionen

Das folgende Kapitel beschreibt Typen von Produktionsfunktionen, bei denen ein Produkt mit mehreren Faktoren produziert wird, und die Einsatzfaktoren untereinander zumindest teilweise austauschbar sind. Unter dem Aspekt der empirischen Relevanz hat vor allem die Cobb-Douglas-Produktionsfunktion große Bedeutung erlangt.

2.1 Das Ertragsgesetz

Von einer klassischen Produktionsfunktion (bzw. dem Ertragsgesetz) spricht man, wenn die partiellen Grenzproduktivitäten (bzw. partiellen Grenzerträge) strikt unimodal, d.h. zunächst wachsend und dann fallend sind. Das klassische Ertragsgesetz wurde von Turgot bereits im 18. Jahrhundert formuliert. Er untersuchte, wie sich der Ertrag verändert, wenn man bei konstanten Einsatzmengen der Faktoren Saatgut und Boden die Einsatzmenge des Faktors Arbeit variiert. In der modernen Produktionstheorie hat man erkannt, dass das klassische Ertragsgesetz große Mängel aufweist, was dazu geführt hat, dass vor allem bei empirischen Schätzungen andere Produktionsfunktionen zugrunde gelegt wurden. Trotz diverser Mängel, auf die noch eingegangen wird, soll zunächst das Ertragsgesetz vorgestellt werden, da es die erste Produktionsfunktion darstellt, die je empirisch geschätzt wurde. Zudem stellt das klassische Ertragsgesetz den Beginn der Produktionstheorie dar.

2.1.1 Theoretische Analyse

Zunächst wird der Verlauf einer klassischen Produktionsfunktion unter Verwendung der produktionstheoretischen Begriffe aus Kapitel 1.3.2 beschrieben. Um die Analyse möglichst einfach zu halten, betrachten wir eine Produktionsfunktion betrachtet, bei der mit Hilfe von zwei Faktoren ein Produkt hergestellt wird.

Das Ertragsgebirge

Das Ertragsgebirge zeigt den Zusammenhang zwischen Einsatzmengen und Ausbringungsmenge. Da zwei Einsatzfaktoren und ein Produkt betrachtet werden, benötigt man für die Darstellung drei Dimensionen. In Abbildung 2.1 ist ein Ertragsgebirge einer klassischen Produktionsfunktion abgebildet. Dabei wurde die aus Ellinger/Haupt (1996, S. 92) bekannte linearhomogene Funktion

$$x = f(r_1, r_2) = \frac{a r_1^{\alpha} \cdot r_2^{\beta}}{(b r_1 + c r_2)^{\alpha+\beta-1}}, (\alpha, \beta > 1; a, b, c > 0) \quad (2.1)$$

für $a = 10^4, b = 0,5, c = 2, \alpha = 4$ und $\beta = 9$ im Bereich $0 \leq r_1, r_2 \leq 5$ verwendet (stetig fortgesetzt für $r_1 = r_2 = 0$ zu $f(0,0) = 0$).

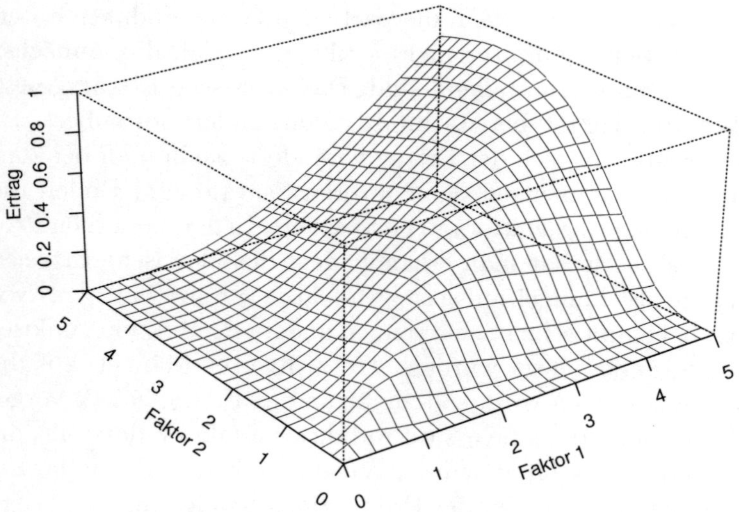

Abbildung 2.1: Ertragsgebirge

Schneidet man das Ertragsgebirge parallel zur $r_1 r_2$-Ebene, so erhält man die zu der Ausbringungsmenge gehörende Isoquante. Die Isoquanten bei dem oben betrachteten Beispiel (2.1) einer klassischen Produktionsfunktion sind in Abbildung 2.2 dargestellt.

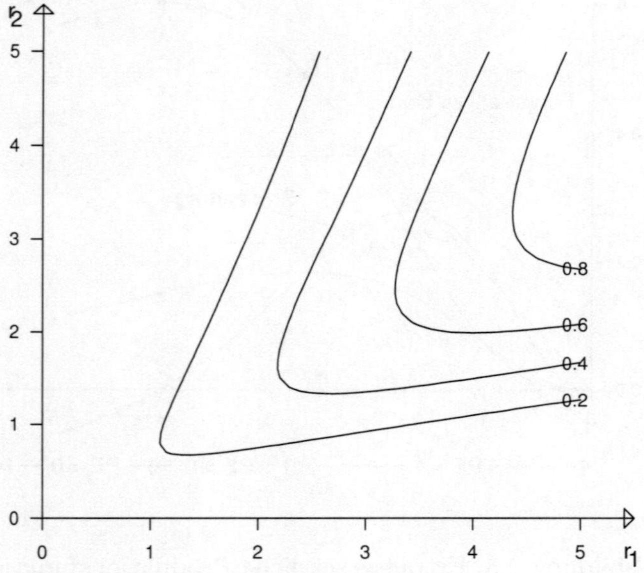

Abbildung 2.2: Isoquanten einer klassischen Produktionsfunktion

Die Produktionsfunktion

Wird die Einsatzmenge von nur einem Faktor variiert, kann der Verlauf der Produktionsfunktion auf einfache Weise ermittelt werden. Graphisch erhält man den Verlauf durch einen Schnitt durch das Ertragsgebirge parallel zu einer xr_i-Ebene. In Abbildung 2.3 ist eine ertragsgesetzliche Produktionsfunktion und die zugehörige Grenzertrags- und Durchschnittsertragsfunktion für das von uns gewählte Beispiel (2.1) für $r_2 = 2$ abgebildet.

Partialanalyse

Der Durchschnittsertrag (bzw. die Produktivität) des i-ten Faktors entspricht dem Tangens des Winkels des Fahrstrahls und der Grenzertrag dem Tangens des Winkels der Tangente an die

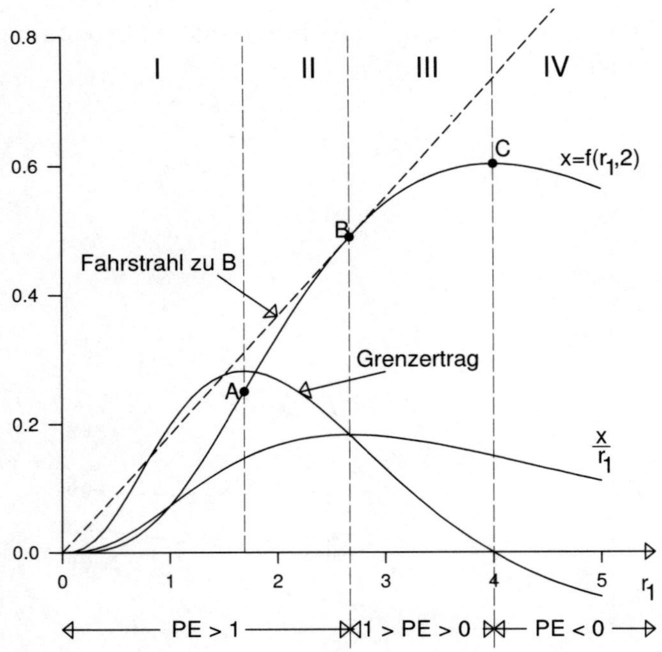

Abbildung 2.3: Ertragsgesetzliche Produktionsfunktion

Gesamtertragsfunktion.

Die klassische Produktionsfunktion kann in **vier Bereiche** untergliedert werden. Im *ersten Bereich* steigt bei einer Erhöhung der Einsatzmenge des Faktors r_i der Ertrag überproportional an. Die Steigung der Gesamtertragskurve nimmt zu, die Grenzertragsfunktion steigt.

$$\frac{\partial x}{\partial r_i} > 0; \quad \frac{\partial^2 x}{\partial r_i^2} > 0$$

Im Punkt A ist die maximale Steigung erreicht. In diesem Punkt ist der Grenzertrag maximal.

$$\frac{\partial x}{\partial r_i} > 0; \quad \frac{\partial^2 x}{\partial r_i^2} = 0.$$

Die Produktionselastizität entspricht dem Quotienten aus Grenzproduktivität und Durchschnittsproduktivität ($\epsilon_i = \partial x / \partial r_i \cdot$

r_i/x). Da im ersten und zweiten Bereich die Grenzproduktivität oberhalb der Durchschnittproduktivität verläuft, ist die Produktionselastizität größer Eins. Man sagt auch, der Faktor r_i wird suboptimal eingesetzt, da mit einer Erhöhung der Einsatzmenge seine Produktivität noch gesteigert werden kann.

Im *Bereich II* steigt die Gesamtertragsfunktion unterproportional. Im Punkt B hat die Durchschnittsertragsfunktion ihr Maximum, der Fahrstrahl tangiert die Gesamtertragsfunktion, und Durchschnitts- und Grenzertragsfunktion schneiden sich.

$$\frac{\partial x}{\partial r_i} > 0; \quad \frac{\partial^2 x}{\partial r_i^2} < 0; \quad \frac{\partial x}{\partial r_i} = \frac{x}{r_i}$$

Der Fahrstrahl wird zur Tangente. Ökonomisch kann der Schnittpunkt folgendermaßen interpretiert werden: Solange die Grenzertragsfunktion oberhalb der Durchschnittsertragsfunktion verläuft, muss die Durchschnittsertragsfunktion steigen, da der mit jeder zusätzlich eingesetzten Einheit des Faktors r_i erzielte zusätzliche Ertrag größer ist als der Durchschnittsertrag. Und umgekehrt gilt: Verläuft die Grenzertragsfunktion unterhalb der Durchschnittsertragsfunktion, so muss der Durchschnittsertrag abnehmen, da der mit jeder zusätzlich eingesetzten Einheit des Faktors r_i zusätzlich erzielte Ertrag geringer als der Durchschnittsertrag ist. Folglich muss die Grenzertragsfunktion die Durchschnittsertragsfunktion in ihrem Maximum schneiden. Dies kann auch formal einfach gezeigt werden. In Punkt B gilt:

$$\frac{\partial x}{\partial r_i} = \frac{x}{r_i}.$$

Im Maximum der Durchschnittsertragsfunktion muss gelten:

$$\frac{\partial \left(\frac{x}{r_i}\right)}{\partial r_i} = \frac{r_i \cdot \frac{\partial x}{\partial r_i} - 1 \cdot x}{r_i^2} = 0.$$

Formt man diesen Term um, so erhält man schließlich als Bedingung für ein Maximum

$$\frac{\partial x}{\partial r_i} = \frac{x}{r_i}. \tag{2.2}$$

Wie man sieht, stimmt diese mit der Bedingung für den Schnittpunkt überein. Die Produktionselastizität ist bis zum Punkt B weiterhin größer Eins. Im Punkt B nimmt sie genau den Wert Eins an: Wird in diesem Punkt die Einsatzmenge des Faktors r_i um 1% erhöht, dann erhöht sich die Ausbringungsmenge um ebenfalls 1%.

Im *Bereich III* steigt der Gesamtertrag weiter unterproportional an. Der Grenzertrag nimmt weiter ab, bis er im Punkt C Null ist. Danach wird er negativ. Der Durchschnittsertrag nimmt ebenfalls ab.

$$\frac{\partial x}{\partial r_i} > 0; \quad \frac{\partial^2 x}{\partial r_i^2} < 0; \quad \frac{\partial \left(\frac{x}{r_i}\right)}{\partial r_i} < 0.$$

Die Produktionselastizität ist im Bereich III nun kleiner Eins. Im Punkt C ist sie Null.

Rechts von Punkt C (*Bereich IV*) nimmt der Gesamtertrag mit zunehmendem Einsatz von r_i ab:

$$\frac{\partial x}{\partial r_i} < 0; \quad \frac{\partial^2 x}{\partial r_i^2} < 0; \quad \frac{\partial \left(\frac{x}{r_i}\right)}{\partial r_i} < 0.$$

Dies bedeutet, dass mit zunehmendem Einsatz von Faktor r_i die Ausbringungsmenge sinkt. Dass dies betriebswirtschaftlich nicht sinnvoll ist, ist intuitiv klar und stellt somit einen der größten Kritikpunkte am klassischen Ertragsgesetz dar[1]. Weiter unten wird darauf noch näher eingegangen.

Die Kostenfunktion

Die aus dem klassischen Ertragsgesetz resultierende Kostenfunktion lässt sich folgendermaßen herleiten. Die Produktionsfunktion beschreibt den Zusammenhang zwischen der Einsatzmenge eines Faktors r_i und der Ausbringungsmenge x bei Konstanz der Einsatzmengen der anderen Faktoren $\overline{\underline{r}}$.

$$x = x\left(r_i, \overline{\underline{r}}\right) \tag{2.3}$$

[1]Wir merken an, dass die oben betrachtete Produktionsfunktion (2.1) bei festem r_2 einen zweiten Wendepunkt hat, der nach dem Maximum folgt und somit (formal) zu wieder steigenden Grenzerträgen führt. Dieser Bereich ist jedoch praktisch irrelevant.

Ist die Ertragsfunktion (bzw. Produktionsfunktion) nun invertierbar, was bei einer klassischen Produktionsfunktion in den ersten drei Bereichen (I-III) der Fall ist, dann erhält man die Faktoreinsatzfunktion des Faktors r_i

$$r_i = g\left(x, \underline{\overline{r}}\right). \qquad (2.4)$$

Graphisch erhält man sie, indem man die Produktionsfunktion an der Geraden $x = r_i$ spiegelt. Wird die Faktoreinsatzmenge mit dem Faktorpreis bewertet, erhält man die variable Kostenfunktion in Abhängigkeit von Faktor r_i. Durch Addition der Fixkosten, erhält man die Gesamtkostenfunktion einer klassischen Produktionsfunktion. Die Fixkosten resultieren dabei aus den konstanten Einsatzmengen der restlichen Faktoren bewertet mit dem jeweiligen Faktorpreis.[2]

In den Abbildungen 2.4 und 2.5 ist graphisch die Herleitung der Kostenfunktion abgebildet.

Wie die klassische Produktionsfunktion kann auch die Kostenfunktion in *vier Bereiche (I-IV)* eingeteilt werden. Es soll untersucht werden, wie die Durchschnittskosten-, die variable Durchschnittskosten- und Grenzkostenfunktion sowie die fixen Kosten pro Stück verlaufen. In Abbildung 2.6 sind die verschiedenen Funktionen graphisch dargestellt.

Die fixen Kosten pro Stück haben einen inversen Verlauf. Geht die Ausbringungsmenge gegen Null, so gehen sie gegen unendlich; geht die Ausbringungsmenge gegen unendlich, so gehen sie gegen Null.

Im *ersten Bereich* verläuft die Gesamtkostenfunktion konkav, d.h. die Grenzkosten nehmen ab, bis der Wendepunkt der Gesamtkostenfunktion erreicht ist. Folglich veringern sich auch

[2] Streng genommen stellt eine Kostenfunktion den Zusammenhang zwischen der Ausbringungsmenge und den dafür minimal anfallenden Kosten dar. Dies setzt voraus, dass immer die kostenminimale Faktoreinsatzkombination gewählt wird. Da hier nur die Einsatzmenge eines Faktors variiert wird, und die restlichen Einsatzmengen konstant gehalten werden, ist die Bedingung, dass immer die kostenminimale Einsatzkombination gewählt wird, nicht erfüllt. Vielmehr wird hier der Zusammenhang zwischen anfallenden Kosten und Ausbringungsmenge bei Variation der Einsatzmenge eines Faktors dargestellt.

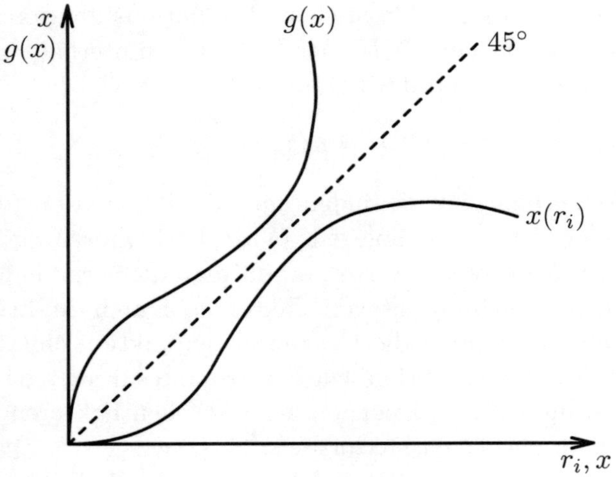

Abbildung 2.4: Herleitung der zu einer ertragsgesetzlichen Produktionsfunktion gehörenden Umkehrfunktion

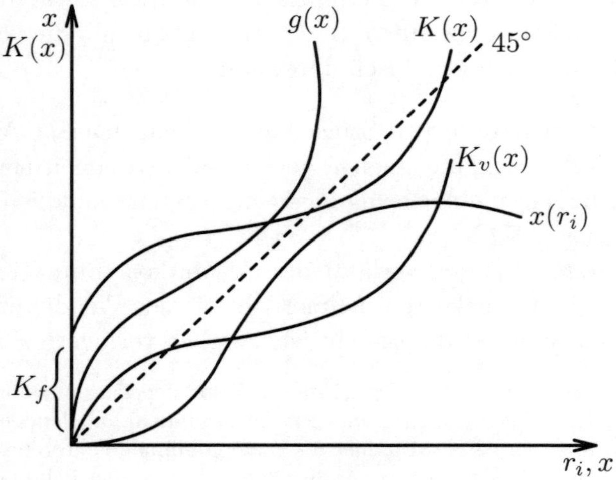

Abbildung 2.5: Herleitung der zu einer ertragsgesetzlichen Produktionsfunktion gehörenden Kostenfunktion

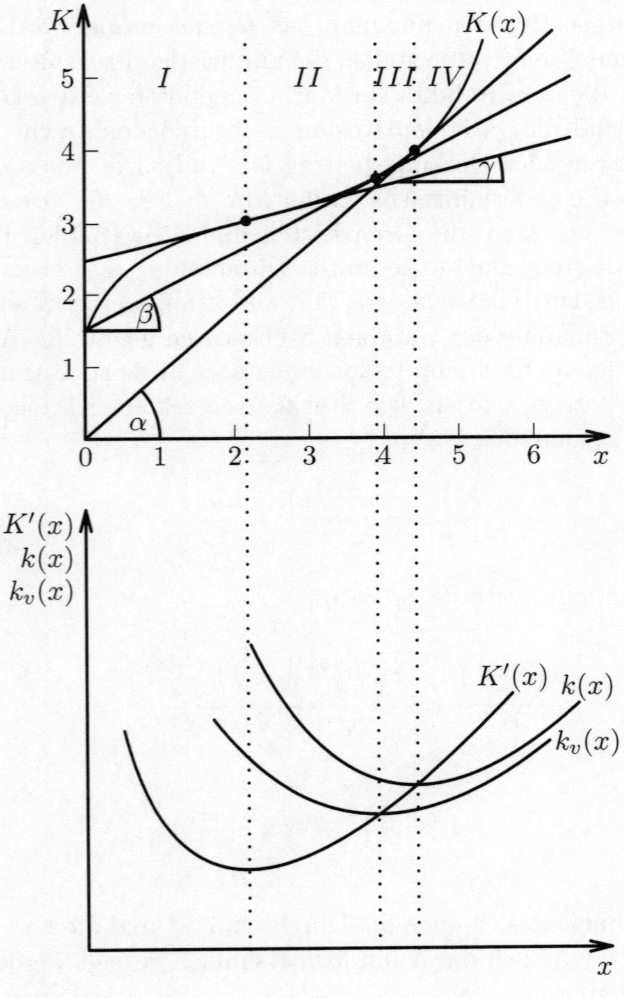

Abbildung 2.6: Kostenfunktion einer klassischen Produktionsfunktion

die variablen und die gesamten Durchschnittskosten. Im *zweiten Bereich* steigen die Gesamtkosten progressiv an. Die Grenzkosten nehmen zu, die variablen Durchschnittskosten nehmen ab, bis sie in ihrem Minimum die Grenzkostenfunktion schneiden. Diesen Punkt nennt man das *Betriebsminimum.* Die zugehörigen Grenzkosten stellen die kurzfristige Preisuntergrenze dar, für die die Produkte am Markt angeboten werden können. Dabei sind die variablen Kosten gedeckt, jedoch nicht die fixen Kosten (der Deckungsbeitrag ist Null). Die Funktion der gesamten Durchschnittskosten fällt. Im *dritten Bereich* steigen die Gesamtkosten, die Grenzkosten und die variablen Durchschnittskosten; nur die gesamten Durchschnittskosten nehmen aufgrund der Fixkostendegression weiter ab, und zwar solange, bis die Zunahme der variablen Stückkosten genau der Abnahme der fixen Durchschnittskosten entspricht. Formal kann dies einfach gezeigt werden. Die Stückkosten setzen sich folgendermaßen zusammen:

$$\frac{K(x)}{x} = \frac{K_v(x)}{x} + \frac{K_f(x)}{x}.$$

Das Minimum ist erreicht, wenn

$$\frac{\partial\left(\frac{K(x)}{x}\right)}{\partial x} = \frac{\partial\left(\frac{K_v(x)}{x}\right)}{\partial x} + \frac{\partial\left(\frac{K_f(x)}{x}\right)}{\partial x} = 0$$

oder

$$\frac{\partial\left(\frac{K_v(x)}{x}\right)}{\partial x} = -\frac{\partial\left(\frac{K_f(x)}{x}\right)}{\partial x}.$$

Dort schneiden sich auch die Durchschnitts- und die Grenzkostenfunktion. Auch dies kann formal einfach gezeigt werden. Es soll gelten:

$$\frac{\partial K(x)}{\partial x} = \frac{K(x)}{x}$$

und gleichzeitig

$$\frac{\partial\left(\frac{K(x)}{x}\right)}{\partial x} = 0.$$

Leitet man die Durchschnittskostenfunktion ab und setzt sie Null, so erhält man:

$$\frac{\partial \left(\frac{K(x)}{x} \right)}{\partial x} = \frac{x \cdot \frac{\partial K}{\partial x} - 1 \cdot K}{x^2} = 0$$

oder

$$x \cdot \frac{\partial K}{\partial x} - 1 \cdot K = 0$$

bzw.

$$\frac{\partial K\left(x\right)}{\partial x} = \frac{K\left(x\right)}{x}. \tag{2.5}$$

Diesen Punkt nennt man das *Betriebsoptimum.* Die zugehörigen Grenzkosten stellen die langfristige Preisuntergrenze dar. Sowohl die fixen als auch die variablen Kosten sind bei diesem Preis gedeckt. Im *vierten Bereich* steigen nun alle Kostenfunktionen wieder an.

2.1.2 Empirische Bedeutung

Wie bereits eingangs erwähnt, hat Turgot das klassische Ertragsgesetz aus Beobachtungen in der Landwirtschaft abgeleitet. Somit werden durch das Ertragsgesetz produktive Zusammenhänge in der Landwirtschaft beschrieben. Einen Rückschluss auf produktive Zusammenhänge in der industriellen Produktion erlaubt dies jedoch aufgrund der Verschiedenartigkeit des Produktionsprozesses nicht. Während für die Form von Produktionsfunktionen in der Landwirtschaft vor allem biologische Gesetzmäßigkeiten ausschlaggebend sind, werden Produktionsfunktionen in der Industrie vornehmlich durch physikalische und chemische Gesetzmäßigkeiten sowie durch menschliche Produktivität determiniert. Somit ist auch die empirische Relevanz des Ertragsgesetzes für die industrielle oder Dienstleistungsproduktion sehr gering. Dem Autor ist keine Studie bekannt, die das Ertragsgesetz für eine industrielle Produktion schätzt.

2.1.3 Beurteilung

Neben der geringen empirischen Relevanz des Ertragsgesetzes sollen im folgenden noch weitere Kritikpunkte erwähnt werden.

Im *ersten Bereich* der Produktionsfunktion wird der Faktor suboptimal eingesetzt. Ein wirtschaftlich orientiertes Unternehmen wird versuchen, dies zu vermeiden, indem es die konstanten Faktoren so dimensioniert, dass der betrachtete Faktor nicht ineffizient eingesetzt wird. Können die Einsatzmengen der konstanten Faktoren nicht angepasst werden, und ist die Nachfrage so gering, dass die Produktion im suboptimalen Bereich stattfinden müsste, so wird das Unternehmen nur zeitweise im effizienten Bereich produzieren und ansonsten die Anlagen stillstehen lassen. Als Ergebnis erhält man die in Abbildung 2.7 dargestellte modifizierte Produktionsfunktion.

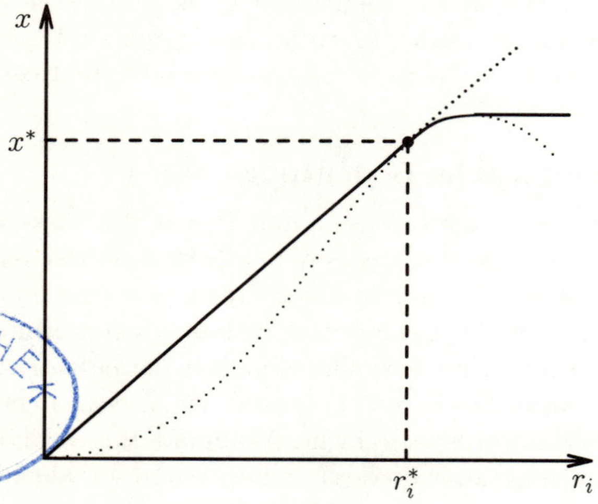

Abbildung 2.7: Modifizierte ertragsgesetzliche Produktionsfunktion

Der *vierte Bereich* wird von einem wirtschaftlichen Unternehmen ebenfalls nicht realisiert werden, da die Produktionsfunktion dort nicht mehr effizient ist. Es ist betriebswirtschaftlich nicht sinnvoll, die Einsatzmenge eines Faktors zu erhöhen, wenn dies zu einer Verringerung der Ausbringungsmenge führt. Produktionsfunktionen, die den ersten und den vierten Bereich nicht berücksichtigen, werden *neoklassische* Produktionsfunktionen genannt.

2.1.4 Aufgaben

1. Gegeben ist eine klassische Produktionsfunktion.
a) Zeichnen Sie die Produktionsfunktion und kennzeichnen Sie die vier Bereiche.
b) Leiten Sie die Funktion der Durchschnittsproduktivität und der Grenzproduktivität graphisch her.
c) In welchem Punkt schneiden sich Durchschnitts- und Grenzproduktivität?

2. Eine ertragsgesetzliche Produktionsfunktion bei einstufiger Einproduktfertigung und zwei mit variierender Menge einsetzbaren Gütern (1 und 2) lautet (vgl. Küpper und Hofmann, 2000):

$$x = -\frac{1}{2000} \cdot r_1^3 \cdot r_2^3 + \frac{1}{25} \cdot r_1^2 \cdot r_2^2$$

a) Berechnen Sie die Kurven partieller Erträge, partieller Durchschnittserträge und partieller Grenzproduktivitäten für r_1 bei konstanter Einsatzmenge $r_2 = 10$.
b) Die Preise der beiden Einsatzgüter betragen $q_1 = 15$ für Einsatzgut 1 und $q_2 = 10$ für Einsatzgut 2. Berechnen Sie die Minimalkostenkombination.

3. Leiten Sie graphisch die zu einer klassischen Produktionsfunktion gehörende Kostenfunktion bei Variation eines Faktors her. Zeigen Sie, wie sich die Kostenfunktion verändert, wenn sich der Preis des variablen Faktors erhöht.

4. Gegeben ist folgende, zu einer klassischen Produktionsfunktion gehörende, Kostenfunktion:

$$K(x) = 0{,}3x^3 - 8x^2 + 75x + 500$$

a) Leiten Sie die Grenzkosten-, gesamte, variable und fixe Durchschnittskostenfunktion her.
b) Zeigen Sie, welche Zusammenhänge zwischen den in a) ermittelten Funktionen bestehen. Bestimmen Sie das Betriebsminimum.

2.2 Cobb-Douglas-Produktionsfunktion

Die Cobb-Douglas-Produktionsfunktion ist die bekannteste neoklassische Produktionsfunktion. Sie wurde 1928 von Cobb und Douglas formuliert. Merkmale neoklassischer Produktionsfunktionen sind nicht-negative und abnehmende partielle Grenzerträge. Die Cobb-Douglas-Produktionsfunktion hat dabei wegen ihrer empirischen Validität und mathematischen Einfachheit besondere Bedeutung erlangt. Die meisten betriebswirtschaftlichen und volkswirtschaftlichen Schätzungen von Produktionsfunktionen legen zumindest teilweise eine Cobb-Douglas-Produktionsfunktion zugrunde.

2.2.1 Theoretische Analyse

Die allgemeine Form einer Cobb-Douglas-Funktion sieht folgendermaßen aus:

$$x = \alpha_0 r_1^{\alpha_1} \cdot r_2^{\alpha_2} \cdot ...... \cdot r_I^{\alpha_I} = \alpha_0 \prod_{i=1}^{I} r_i^{\alpha_i} \tag{2.6}$$

mit:

$$\alpha_0 > 0, 0 \leq \alpha_1, ..., \alpha_I < 1$$

und

$$\sum_{i=1}^{I} \alpha_i \leq 1.$$

Typisch für die Produktionsfunktion ist, dass die einzelnen Produktionsfaktoren nur peripher substituierbar sind. Wird ein Faktor nicht eingesetzt, so wird kein Output erzielt. Die Einsatzmengen der verschiedenen Faktoren sind multiplikativ verknüpft.

Das Ertragsgebirge

Zur Darstellung des Ertragsgebirges einer Cobb-Douglas-Produktionsfunktion können wiederum nur zwei Einsatzfaktoren berücksichtigt werden. Die Produktionsfunktion hat dann folgende Form:

$$x = \alpha_0 r_1^{\alpha_1} r_2^{\alpha_2}$$

Das Ertragsgebirge ist in Abbildung 2.8 graphisch dargestellt.

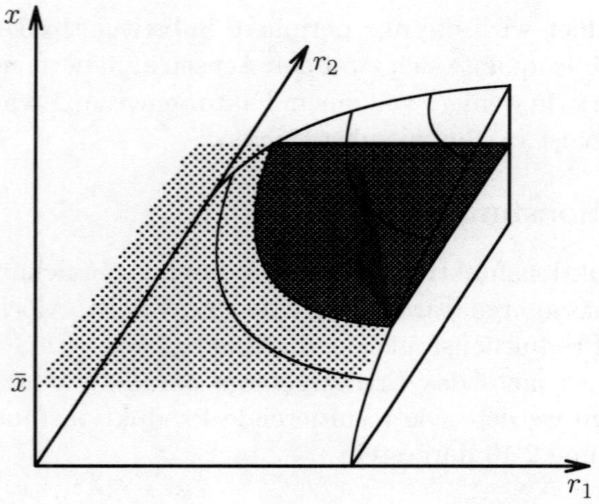

Abbildung 2.8: Schnitt durch das Ertragsgebirge

Bei einem Schnitt durch das Ertragsgebirge parallel zur r_1r_2-Ebene erhält man die zu der Ausbringungsmenge gehörende Ertragsisoquante (siehe Abbildung 2.9)

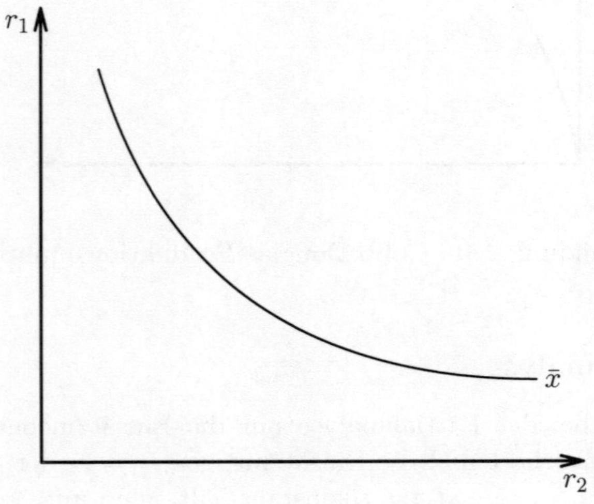

Abbildung 2.9: Isoquante einer Cobb-Douglas-Produktionsfunktion

Auch hier wird die nur periphere Substituierbarkeit deutlich, da die Isoquante sich zwar den Achsen annähert, sie jedoch nie berührt. Je weniger von einem Faktor eingesetzt wird, desto schwieriger ist es, ihn zu substituieren.

Produktionsfunktion

Die Produktionsfunktion erhält man durch einen Schnitt durch das Ertragsgebirge parallel zu einer xr_i-Ebene. Möchte man z.B. die Produktionsfunktion in Abhängigkeit von Faktor r_1 abbilden, so muss das Ertragsgebirge parallel zur xr_1-Ebene geschnitten werden. Die resultierende Produktionsfunktion ist in Abbildung 2.10 dargestellt.

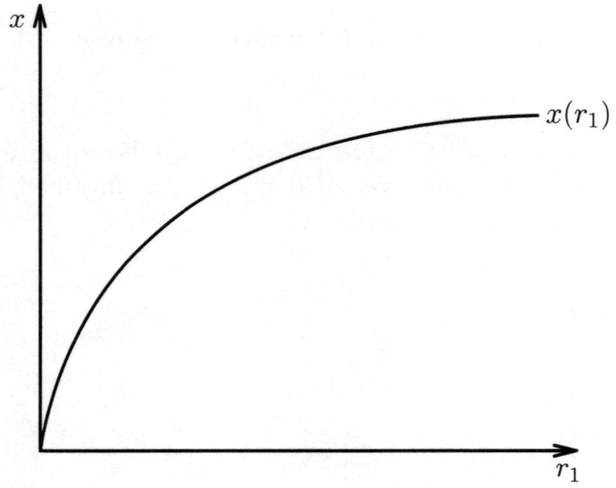

Abbildung 2.10: Cobb-Douglas-Produktionsfunktion

Partialanalyse

Da man bei der Partialanalyse nur die Einsatzmenge r_i des Faktors i variiert und die Einsatzmengen $r_{\hat{\imath}} = \overline{r}_{\hat{\imath}}$ der anderen Faktoren $\hat{\imath}$, $\hat{\imath} = 1, ...I, \hat{\imath} \neq i$ konstant hält, kann mit

$$c = \alpha_0 \cdot \overline{r}_1^{\alpha_1} \cdot .... \cdot \overline{r}_{i-1}^{\alpha_{i-1}} \cdot \overline{r}_{i+1}^{\alpha_{i+1}} .... \cdot \overline{r}_I^{\alpha_I}$$

die Ertragsfunktion vereinfacht in folgender Form geschrieben werden:

$$x = c \cdot r_i^{\alpha_i}.$$

Nach dieser Vereinfachung ist die Partialanalyse recht einfach durchführbar. Die Grenzproduktivität beträgt:

$$\frac{\partial x}{\partial r_i} = c \cdot \alpha_i \cdot r_i^{\alpha_i - 1} = \frac{\alpha_i \cdot x}{r_i} > 0. \tag{2.7}$$

Das bedeutet, dass im gesamten Bereich der Output mit zunehmendem Einsatz eines Faktors steigt. Der vierte Bereich der klassischen Produktionsfunktion entfällt somit. Die zweite Ableitung ist

$$\frac{\partial^2 x}{\partial r_i^2} = c \cdot \alpha_i \cdot (\alpha_i - 1) \cdot r_i^{\alpha_i - 2} < 0. \tag{2.8}$$

Man sieht, dass die Grenzerträge einer Cobb-Douglas-Produktionsfunktion monoton abnehmend sind. Dies bedeutet, dass der erste Bereich der klassischen Produktionsfunktion entfällt. Es gibt keinen Bereich mehr, in dem die Grenzerträge zunehmen.

Die Durchschnittsproduktivität beträgt

$$\frac{x}{r_i} = \frac{c \cdot r_i^{\alpha_i}}{r_i} = c \cdot r_i^{\alpha_i - 1}. \tag{2.9}$$

Leitet man die Funktion der Durchschnittsproduktivität nach r_i ab, so erhält man

$$\frac{\partial \left(\frac{x}{r_i}\right)}{\partial r_i} = c \cdot (\alpha_i - 1) \cdot r_i^{\alpha_i - 2} < 0. \tag{2.10}$$

Die Durchschnittsproduktivität nimmt mit zunehmendem Faktoreinsatz ab.

Vergleicht man die Funktion der Grenzproduktivität mit der der Durchschnittsproduktivität, dann wird deutlich, dass die Grenzproduktivität sich aus der Multiplikation der Durchschnittsproduktivität mit α_i ergibt:

$$\frac{\partial x}{\partial r_i} = \alpha_i \cdot \frac{x}{r_i}. \tag{2.11}$$

Da $0 \leq \alpha_i < 1$ und α_i konstant ist, ist die Grenzproduktivität proportional zur Durchschnittsproduktivität und immer kleiner als diese. Betrachtet man das Verhalten der beiden Funktionen für große Einsatzmengen r_i, dann wird deutlich, dass beide Funktionen gegen Null streben.

Die Produktionselastizität bzgl. des Faktors r_i bei einer Cobb-Douglas-Produktionsfunktion hat den Wert

$$\frac{\partial x}{\partial r_i} \cdot \frac{r_i}{x} = \alpha_i \cdot \frac{x}{r_i} \cdot \frac{r_i}{x} = \alpha_i = const. \tag{2.12}$$

Sie nimmt also unabhängig von der Einsatzmenge stets den gleichen Wert α_i und somit einen Wert zwischen Null und Eins an.

Totalanalyse

Als erstes soll untersucht werden, ob es sich bei einer Cobb-Douglas-Produktionsfunktion um eine homogene Produktionsfunktion handelt.

In der Ausgangssituation wird

$$x^0 = \alpha_0 \left(r_1^0\right)^{\alpha_1} \cdot \left(r_2^0\right)^{\alpha_2} \cdot ..... \cdot \left(r_I^0\right)^{\alpha_I}$$

produziert. Nun multipliziert man die Einsatzmengen aller Faktoren mit λ.

$$x^1 = \alpha_0 \left(\lambda \cdot r_1^0\right)^{\alpha_1} \cdot \left(\lambda \cdot r_2^0\right)^{\alpha_2} \cdot ..... \cdot \left(\lambda \cdot r_I^0\right)^{\alpha_I}$$

Man kann λ ausklammern und erhält als Ergebnis

$$x^1 = \lambda^{\alpha_1+\alpha_2+...\alpha_I} \cdot \alpha_0 \left(r_1^0\right)^{\alpha_1} \cdot \left(r_2^0\right)^{\alpha_2} \cdot ..... \cdot \left(r_I^0\right)^{\alpha_I} = \lambda^{\alpha_1+\alpha_2+...\alpha_I} \cdot x^0$$

Eine Cobb-Douglas-Produktionsfunktion ist homogen vom Grade $\alpha_1 + \alpha_2 + ... + \alpha_I$. Da folgendes gilt:

$$\sum_{i=1}^{I} \alpha_i \leq 1,$$

ist sie immer unterlinearhomogen oder für den Fall:

$$\sum_{i=1}^{I} \alpha_i = 1$$

linearhomogen.

Wie oben bereits gezeigt wurde, stimmen bei homogenen Produktionsfunktionen Homogenitätsgrad und Skalenelastizität überein. Somit liegt die Skalenelastizität von Cobb-Douglas-Produktionsfunktionen zwischen Null und Eins.

Als letztes soll noch die Faktoreinsatzfunktion einer Cobb-Douglas-Produktionsfunktion ermittelt werden. Dafür muss die Produktionsfunktion nach einem Faktor r_i aufgelöst werden. Man erhält dann

$$r_i = \sqrt[\alpha_i]{\frac{x}{\alpha_0 r_1^{\alpha_1} \cdot .... \cdot r_{i-1}^{\alpha_{i-1}} \cdot r_{i+1}^{\alpha_{i+1}} .... \cdot r_I^{\alpha_I}}}. \tag{2.13}$$

Setzt man die Ausbringungsmenge $x = \overline{x}$ konstant, so erhält man die Isoquantengleichung. Abgeleitet nach einem Faktor r_j, $j \neq i$ (bei Konstanz der restlichen Faktoreinsatzmengen), erhält man die Grenzrate der Substitution. Die Berechnung vereinfacht sich unter Ausnutzung von Formel (1.18) bedeutend.

Wegen

$$\frac{\partial x}{\partial r_j} = \alpha_j \frac{x}{r_j}; \quad \frac{\partial x}{\partial r_i} = \alpha_i \frac{x}{r_i}$$

ergibt sich

$$-s_{ij} = \frac{\partial r_i}{\partial r_j} = \frac{\alpha_j \frac{x}{r_j}}{\alpha_i \frac{x}{r_i}} = \frac{\alpha_j r_i}{\alpha_i r_j}. \tag{2.14}$$

Man erkennt, dass die Grenzrate der Substitution proportional zum Faktoreinsatzverhältnis ist. Graphisch bedeutet dies, dass entlang eines Fahrstrahls die Steigung der Isoquanten konstant sind.

2.2.2 Kostenfunktion

Die Kostenfunktion beschreibt den Zusammenhang zwischen der Ausbringungsmenge und den Kosten:

$$K(x) = q_1 \cdot r_1^*(x) + q_2 \cdot r_2^*(x) + ... + q_I \cdot r_I^*(x),$$

wobei $r_i^*(x)$, $i = 1, ...I$, die Einsatzmengen sind, die bei gegebener Ausbringungsmenge die minimalen Kosten erzeugen.

Formal wird die optimale Faktoreinsatzkombination für die Ausbringungsmenge x über den Lagrange-Ansatz bestimmt:

$$L = q_1 \cdot r_1 + q_2 \cdot r_2 + ... + q_I \cdot r_I - \lambda \cdot (x(r_1, ...r_I) - x) . \quad (2.15)$$

Die notwendigen Optimalitätsbedingungen ergeben sich durch Nullsetzen aller Ableitungen der Lagrange-Funktion nach r_i, $i = 1, ..., I$ und nach allen Lagrangen Multiplikatoren λ.[3] Als Ergebnis erhält man:

$$\frac{\frac{\partial x}{\partial r_j}}{\frac{\partial x}{\partial r_i}} = \frac{q_j}{q_i}; \quad i, j = 1, ..., I \text{ und } i \neq j. \quad (2.16)$$

Dies bedeutet, dass im Optimum das Verhältnis der Grenzproduktivitäten zweier Einsatzfaktoren ihrem Faktorpreisverhältnis entsprechen muss. Wird die Bedingung des Kostenoptimums umgeformt, dann erhält man folgende Bedingung:

$$\frac{\frac{\partial x}{\partial r_i}}{q_i} = \frac{\frac{\partial x}{\partial r_j}}{q_j}, i, j = 1, ...I \text{ und } i \neq j. \quad (2.17)$$

Es wird deutlich, dass im Optimum bei jedem Faktor eine zusätzlich eingesetzte Geldeinheit zu derselben Erhöhung der Ausbringungsmenge führt. Um die Optimalitätsbedingung auch graphisch zeigen zu können, werden nur zwei Einsatzfaktoren betrachtet. Im Optimum gilt dann

$$\frac{\frac{\partial x}{\partial r_1}}{\frac{\partial x}{\partial r_2}} = \frac{q_1}{q_2}. \quad (2.18)$$

Eine Isoquante ist definiert als der geometrische Ort aller Faktoreinsatzkombinationen, welche die gleiche Ausbringungsmenge erzeugen. Auf einer Isoquante gilt also:

$$dx = \frac{\partial x}{\partial r_1} \cdot dr_1 + \frac{\partial x}{\partial r_2} \cdot dr_2 = 0 \quad (2.19)$$

[3] Der beschriebene Weg ist aber nur möglich, wenn ein Optimum $r^*(x)$ (Kostenminimum unter der Nebenbedingung $x(r^*) = x$) im Innern von $\mathbb{R}^I_+$ existiert, so dass dann ein λ^* gewählt werden kann, für das (r^*, λ^*) ein stationärer Punkt der Lagrange-Funktion (2.15) wird.

oder

$$\frac{dr_1}{dr_2} = -\frac{\frac{\partial x}{\partial r_2}}{\frac{\partial x}{\partial r_1}}, \tag{2.20}$$

die Steigung der Isoquante.

Die Isokostengerade ist der geometrische Ort aller Faktoreinsatzkombinationen, die die gleichen Kosten erzeugen. Formal geschrieben bei zwei Faktoren:

$$r_1 = \frac{\overline{K}}{q_1} - \frac{q_2}{q_1} \cdot r_2 \tag{2.21}$$

mit der Steigung

$$\frac{dr_1}{dr_2} = -\frac{q_2}{q_1}. \tag{2.22}$$

Aus den Gleichungen folgt, dass im Kostenminimum die Isokostengerade die Isoquante tangiert. Allerdings gilt dies nur bei konvexem Verlauf der Isoquante:

$$\frac{d^2 r_1}{dr_2^2} > 0.$$

Verläuft sie linear, so ist obige Optimalitätsbedingung nur für den Fall erfüllt, dass die Isokostenlinie die gleiche Steigung wie die Isoquante hat. Ansonsten ist eine Randlösung optimal.

Basierend auf diesen Ergebnissen soll nun die Kostenfunktion für eine Cobb-Douglas-Produktionsfunktion bei zwei Einsatzfaktoren ermittelt werden. Angenommen

$$x = r_1^{\alpha_1} \cdot r_2^{\alpha_2}, \text{ mit } \alpha_1 + \alpha_2 = 1.$$

Dies führt zu einer konvexen Isoquante und soll als Vereinfachung angenommen werden. Ausgehend von der Kostenfunktion:

$$K = q_1 \cdot r_1 + q_2 \cdot r_2$$

muss für das Kostenoptimum gelten:

$$\frac{\frac{\partial x}{\partial r_1}}{\frac{\partial x}{\partial r_2}} = \frac{q_1}{q_2}$$

bzw. für diesen Fall

$$\begin{aligned}\frac{\alpha_1 \cdot \frac{x}{r_1}}{\alpha_2 \cdot \frac{x}{r_2}} &= \frac{q_1}{q_2} \Leftrightarrow \\ \frac{\alpha_1 \cdot r_2}{\alpha_2 \cdot r_1} &= \frac{q_1}{q_2}\end{aligned}$$

Löst man die Optimalitätsbedingung nach r_1 und r_2 auf, dann folgt

$$r_1 = \frac{\alpha_1}{\alpha_2} \cdot \frac{q_2}{q_1} \cdot r_2 \text{ bzw. } r_2 = \frac{\alpha_2}{\alpha_1} \cdot \frac{q_1}{q_2} \cdot r_1.$$

Setzt man diese Relationen in die Produktionsfunktion

$$x = \left(\frac{\alpha_1}{\alpha_2} \cdot \frac{q_2}{q_1} \cdot r_2\right)^{\alpha_1} \cdot r_2^{\alpha_2} \text{ bzw. } x = \left(\frac{\alpha_2}{\alpha_1} \cdot \frac{q_1}{q_2} \cdot r_1\right)^{\alpha_2} \cdot r_1^{\alpha_1}$$

ein, dann erhält man nach einigen Umformungen für r_2

$$r_2 = \left(\frac{\alpha_2}{\alpha_1} \cdot \frac{q_1}{q_2}\right)^{\alpha_1} \cdot x$$

und analog für r_1

$$r_1 = \left(\frac{\alpha_1}{\alpha_2} \cdot \frac{q_2}{q_1}\right)^{\alpha_2} \cdot x.$$

Eingesetzt in die Kostenfunktion ergibt

$$K = q_1 \cdot \left(\frac{\alpha_1}{\alpha_2} \cdot \frac{q_2}{q_1}\right)^{\alpha_2} \cdot x + q_2 \cdot \left(\frac{\alpha_2}{\alpha_1} \cdot \frac{q_1}{q_2}\right)^{\alpha_1} \cdot x$$

oder

$$K = \left[q_1 \cdot \left(\frac{\alpha_1}{\alpha_2} \cdot \frac{q_2}{q_1}\right)^{\alpha_2} + q_2 \cdot \left(\frac{\alpha_2}{\alpha_1} \cdot \frac{q_1}{q_2}\right)^{\alpha_1}\right] \cdot x. \qquad (2.23)$$

Da der Klammerausdruck konstant ist, verläuft die Kostenfunktion der linearhomogenen Produktionsfunktion linear mit der Steigung des Klammerausdrucks. Die Steigung wird sowohl von den Faktorpreisen als auch den Produktionselastiziäten bestimmt. Die Grenzkosten und die Durchschnittskosten sind hier identisch und nehmen den Wert des Klammerausdrucks an.

2.2.3 Exkurs: Allgemeine Kostenfunktion einer Cobb-Douglas-Produktionsfunktion

Der Vollständigkeit halber soll noch die allgemeine Kostenfunktion einer Cobb-Douglas-Produktionsfunktion hergeleitet werden. Im Fall von zwei Einsatzfaktoren, sieht die Produktionsfunktion wie folgt aus:

$$x = \alpha_0 r_1^{\alpha_1} r_2^{\alpha_2}$$

Stellt man die Bedingung für ein Kostenminimum auf und löst diese nach r_1 und r_2 auf, so erhält man wie oben:

$$r_1 = \frac{\alpha_1}{\alpha_2} \cdot \frac{q_2}{q_1} \cdot r_2 \text{ bzw. } r_2 = \frac{\alpha_2}{\alpha_1} \cdot \frac{q_1}{q_2} \cdot r_1.$$

Setzt man diese Relationen in die Produktionsfunktion ein

$$x = \alpha_0 \left(\frac{\alpha_1}{\alpha_2} \cdot \frac{q_2}{q_1} \cdot r_2 \right)^{\alpha_1} \cdot r_2^{\alpha_2} \text{ bzw. } x = \alpha_0 \left(\frac{\alpha_2}{\alpha_1} \cdot \frac{q_1}{q_2} \cdot r_1 \right)^{\alpha_2} \cdot r_1^{\alpha_1},$$

so erhält man nach einigen Umformungen für r_1

$$r_1 = \left(\frac{x}{\alpha_0} \right)^{\frac{1}{\alpha_1+\alpha_2}} \cdot \left(\frac{\alpha_1}{\alpha_2} \cdot \frac{q_2}{q_1} \right)^{\frac{\alpha_2}{\alpha_1+\alpha_2}}$$

und analog für r_2

$$r_2 = \left(\frac{x}{\alpha_0} \right)^{\frac{1}{\alpha_1+\alpha_2}} \cdot \left(\frac{\alpha_2}{\alpha_1} \cdot \frac{q_1}{q_2} \right)^{\frac{\alpha_1}{\alpha_1+\alpha_2}}.$$

Eingesetzt in die Kostenfunktion ergibt

$$\begin{aligned} K(x) &= q_1 \cdot \left(\frac{x}{\alpha_0} \right)^{\frac{1}{\alpha_1+\alpha_2}} \cdot \left(\frac{\alpha_1}{\alpha_2} \cdot \frac{q_2}{q_1} \right)^{\frac{\alpha_2}{\alpha_1+\alpha_2}} \\ &\quad + q_2 \cdot \left(\frac{x}{\alpha_0} \right)^{\frac{1}{\alpha_1+\alpha_2}} \cdot \left(\frac{\alpha_2}{\alpha_1} \cdot \frac{q_1}{q_2} \right)^{\frac{\alpha_1}{\alpha_1+\alpha_2}} \end{aligned}$$

oder

$$\begin{aligned} K(x) &= \left[q_1 \cdot \left(\frac{\alpha_1}{\alpha_2} \cdot \frac{q_2}{q_1} \right)^{\frac{\alpha_2}{\alpha_1+\alpha_2}} + q_2 \cdot \left(\frac{\alpha_2}{\alpha_1} \cdot \frac{q_1}{q_2} \right)^{\frac{\alpha_1}{\alpha_1+\alpha_2}} \right] \\ &\quad \cdot \left(\frac{1}{\alpha_0} \right)^{\frac{1}{\alpha_1+\alpha_2}} \cdot x^{\frac{1}{\alpha_1+\alpha_2}} \end{aligned}$$

Man sieht für den Fall, dass die Cobb-Douglas-Produktionsfunktion unterlinear homogen ist ($\alpha_1 + \alpha_2 < 1$), die zugehörige Kostenfunktion durch steigende Grenzkosten gekennzeichnet ist (2. Ableitung ist größer Null). Im Fall, dass die Cobb-Douglas-Produktionsfunktion linear homogen ist ($\alpha_1 + \alpha_2 = 1$), ist die zugehörige Kostenfunktion durch konstante Grenzkosten gekennzeichnet (2. Ableitung ist Null).

2.2.4 Beispiele und Aufgaben

Beispiel 1:

Gegeben ist folgende Cobb-Douglas-Produktionsfunktion:

$$x = 2r_1^{0,4}r_2^{0,6}$$

Es soll nun die Grenzproduktivität, die Durchschnittsproduktivität und die Produktionselastizität des 1. Faktors berechnet werden:

Grenzproduktivität:

$$\begin{aligned}\frac{\partial x}{\partial r_1} &= 2 \cdot 0,4 r_1^{-0,6} r_2^{0,6} = 0,8 \cdot \left(\frac{r_2}{r_1}\right)^{0,6} \\ &= 0,4 \cdot \frac{2 \cdot r_2^{0,6}}{r_1^{0,6}} \cdot \frac{r_1^{0,4}}{r_1^{0,4}} = 0,4 \cdot \frac{x}{r_1}\end{aligned}$$

Durchschnittsproduktivität:

$$\frac{x}{r_1} = \frac{2 \cdot r_1^{0,4} r_2^{0,6}}{r_1} = 2 \cdot \left(\frac{r_2}{r_1}\right)^{0,6}$$

Produktionselastizität:

$$\frac{\frac{\partial x}{x}}{\frac{\partial r_1}{r_1}} = \frac{\partial x}{\partial r_1} \cdot \frac{r_1}{x} = 0,4 \cdot \frac{x}{r_1} \cdot \frac{r_1}{x} = 0,4$$

Beispiel 2:

Gegeben ist folgende Cobb-Douglas-Produktionsfunktion:

$$x = 50 \cdot r_1^{0,5} r_2^{0,2} r_3^{0,1}$$

Es soll überprüft werden, ob die Funktion homogen ist. Weiter soll die Skalenelastizität berechnet werden.

Überprüfung der Homogenität:

$$\begin{aligned} x \cdot \lambda^t &= 50 \cdot (\lambda r_1)^{0,5} (\lambda r_2)^{0,2} (\lambda r_3)^{0,1} \\ &= 50 \cdot \lambda^{0,5} \cdot \lambda^{0,2} \cdot \lambda^{0,1} r_1^{0,5} r_2^{0,2} r_3^{0,1} \\ x \cdot \lambda^t &= \lambda^{0,8} \cdot 50 r_1^{0,5} r_2^{0,2} r_3^{0,1} \end{aligned}$$

Man sieht, dass λ ausgeklammert werden kann. Die Funktion ist also homogen.

Skalenelastizität:

$$\begin{aligned} \frac{\frac{\partial x}{x}}{\frac{\partial \lambda}{\lambda}} &= \frac{\partial x}{\partial \lambda} \cdot \frac{\lambda}{x} \\ &= 0,8 \cdot \lambda^{-0,2} \cdot 50 r_1^{0,5} r_2^{0,2} r_3^{0,1} \cdot \frac{\lambda}{50\lambda^{0,8} \cdot r_1^{0,5} r_2^{0,2} r_3^{0,1}} \\ &= 0,8 \cdot \frac{\lambda^{-0,2} \cdot \lambda}{\lambda^{0,8}} = 0,8 \end{aligned}$$

Man sieht, dass die Skalenelastizität einer homogenen Funktion der Hochzahl von λ entspricht.

Beispiel 3:
Gegeben ist folgende Cobb-Douglas-Produktionsfunktion:

$$x = r_1^{0,5} r_2^{0,5}$$

Die Faktorpreise betragen 3 und 5 für die Faktoren 1 und 2. Berechnen Sie die Minimalkostenkombination für $x = 5$ und die Kostenfunktion.

Minimalkostenkombination für $x = 5$:

$$\begin{aligned}
s_{12} &= \frac{q_2}{q_1} \quad mit \\
s_{12} &= -\frac{dr_1}{dr_2} = \frac{\frac{\partial x}{\partial r_2}}{\frac{\partial x}{\partial r_1}}; \\
\frac{\partial x}{\partial r_1} &= 0,5 r_1^{-0,5} r_2^{0,5} = 0,5\frac{x}{r_1}; \quad \frac{\partial x}{\partial r_2} = 0,5 r_1^{0,5} r_2^{-0,5} \\
&= 0,5\frac{x}{r_2}
\end{aligned}$$

$$\begin{aligned}
\frac{0,5\frac{x}{r_2}}{0,5\frac{x}{r_1}} &= \frac{5}{3} \Longleftrightarrow \frac{r_1}{r_2} = \frac{5}{3} \Rightarrow r_1 = \frac{5}{3} r_2 \\
5 &= \left(\frac{5}{3} r_2\right)^{0,5} \cdot r_2^{0,5} \quad \Rightarrow \quad r_2 = 5 \cdot \left(\frac{3}{5}\right)^{0,5} \\
r_2 &= 3,87; \quad r_1 = \frac{5}{3} r_2 = 6,45 \\
K &= 6.45 \cdot 3 + 3.87 \cdot 5 = 38,73
\end{aligned}$$

Kostenfunktion:

Man nutzt folgende Beziehung aus, welche aus der Minimalkostenkombination resultiert (s.o.):

$$r_1 = \frac{5}{3} r_2; \quad r_2 = \frac{3}{5} r_1$$

jeweils eingesetzt in die Produktionsfunktion:

$$\begin{aligned}
x &= \left(\frac{5}{3} r_2\right)^{0,5} r_2^{0,5} = \left(\frac{5}{3}\right)^{0,5} r_2 \quad \Rightarrow \quad r_2 = \left(\frac{3}{5}\right)^{0,5} x \\
x &= r_1^{0,5} \left(\frac{3}{5} r_1\right)^{0,5} = \left(\frac{3}{5}\right)^{0,5} r_1 \quad \Rightarrow \quad r_1 = \left(\frac{5}{3}\right)^{0,5} x
\end{aligned}$$

eingesetzt in die Kostenfunktion

$$\begin{aligned}
K &= q_1 \cdot r_1 + q_2 \cdot r_2 \\
&= 3 \cdot \left(\frac{5}{3}\right)^{0,5} x + 5 \cdot \left(\frac{3}{5}\right)^{0,5} x \\
&= \left[3 \cdot \left(\frac{5}{3}\right)^{0,5} + 5 \cdot \left(\frac{3}{5}\right)^{0,5}\right] \cdot x \\
K &= 7,75 \cdot x
\end{aligned}$$

Aufgaben

1. Gegeben sei eine Produktionsfunktion folgender Form:

$$x = 3 \cdot r_1^{0,3} \cdot r_2^{0,5} \cdot r_3^{0,2}$$

a) Berechnen Sie für alle drei Faktoren die Durchschnittsproduktivität und die partielle Grenzproduktivität! Welchen Zusammenhang können Sie zwischen Durchschnittsproduktivität und Grenzproduktivität erkennen?
b) Untersuchen Sie, ob zunehmende, konstante oder abnehmende Grenzerträge vorliegen!
c) Berechnen Sie die Produktionselastizität aller drei Faktoren!
d) Berechnen Sie an dem Produktionspunkt $(x, r_1, r_2, r_3) = (x, 1, 2, 3)$ das partielle Grenzprodukt, wenn die Einsatzmenge des Faktors 1 um eine Einheit erhöht wird.
e) Berechnen Sie an demselben Produktionspunkt das totale Grenzprodukt, wenn die Einsatzmengen aller Faktoren um eine Einheit erhöht werden.
f) Berechnen Sie die Skalenelastizität. Was sagt sie aus?
g) Berechnen Sie die Grenzdaten der Substitution s_{13} und s_{32}.

2. Gegeben sei eine Cobb-Douglas-Produktionsfunktion mit folgender Form:

$$x = 2r_1^{0,4} \cdot r_2^{0,6}$$

a) Berechnen Sie die Durchschnittsproduktivität und die Grenzproduktivität des Faktors 2 an der Stelle $(x, r_1, r_2) = (x, 2, 4)$!
b) Zeichnen Sie die Isoquante für $x = 5$!
c) Berechnen Sie die Produktionselastizitäten für beide Faktoren! Was sagen sie aus?

3. Gegeben sei eine Cobb-Douglas-Produktionsfunktion:

$$x = 50{r_1}^{0,5}{r_2}^{0,3}{r_3}^{0,2}$$

a) Handelt es sich um eine Funktion mit abnehmenden, konstanten oder steigenden Skalenerträgen?
b) Bestimmen Sie die partiellen Grenzproduktivitäten für den Produktionspunkt

$$(x, r_{1,} r_{2,} r_{3)} = (x, 2, 2, 4)$$

c) Zeigen Sie, dass für alle Faktoren das Gesetz abnehmender Grenzerträge gilt.
d) Zeigen Sie, dass alle drei Produktionselastizitäten unabhängig von den Faktoreinsatzmengen sind.

4. Gegeben sei die Produktionsfunktion $x = r_1^{0,3} r_2^{0,8}$. Berechnen und erläutern Sie für $x = 5$ und $r_1 = 1$:
a) die partiellen Grenzproduktivitäten von $r_1$und r_2,
b) das totale Grenzprodukt,
c) die Produktionselastizität ε_1 und
d) den Homogenitätsgrad der Funktion.

5. Gegeben sei die Produktionsfunktion $x = r_1^{0,5} r_2^{0,5}$. Die Faktorpreise sind 3 und 5 für Faktor eins und zwei.
a) Zeichnen Sie die Isoquante für die Ausbringungsmenge $x = 4$.
b) Zeichnen Sie die Kostenisoquante für $K = 15$.
c) Bestimmen Sie graphisch das Kostenminimum für die Ausbringungsmenge $x = 4$. Wieviel wird von Faktor eins und zwei eingesetzt? Wie hoch sind die Kosten?
d) Ermitteln Sie algebraisch die Minimalkostenkombination.
e) Bestimmen Sie die zu der Produktionsfunktion gehörende Kostenfunktion.

6. Der Preis von r_1 betrage 4 Euro pro Einheit, derjenige von r_2 2 Euro. Berechnen Sie die Kostenfunktion $K(x)$, die zu der Produktionsfunktion $x = r_1^{0,5} r_2^{0,7}$ gehört.

7. Für die Produktionsfunktion $x = r_1^{0,3} r_2^{0,8}$ sei die Produktionsmenge von 25 gegeben.
a) Die Grenzrate der Substitution s_{12} beträgt in einem Punkt $0,5$. Wie hoch sind die zugehörigen Einsatzmengen r_1 und r_2?
b) Berechnen Sie die Minimalkostenkombination. Der Preis pro Einheit des Faktors r_1 betrage 3, derjenige für r_2 betrage 5.

8. Mit der Produktionsfunktion $x = 4r_1^{0,4} r_2^{0,6}$ sollen 100 Einheiten produziert werden. Der Preis von r_1 beträgt 4 Euro pro Einheit und der Preis von r_2 5 Euro pro Einheit.

a) Wieviel kostet die Minimalkostenkombination?
b) Wenn der Preis von r_1 weiterhin 4 Euro beträgt, wieviel muss dann r_2 kosten, damit in der Minimalkostenkombination gerade doppelt so viele Einheiten von r_2 eingesetzt werden wie von r_1? Gehen Sie weiterhin von $x = 100$ aus.

Kapitel 3

Limitationale Ein-Produkt-Produktionsfunktionen

Bei limitationalen Produktionsfunktionen sind die einzelnen Einsatzfaktoren nicht mehr gegeneinander austauschbar. Dies bedeutet, dass zu jeder Ausbringungsmenge nur eine effiziente Kombination von Einsatzfaktoren existiert. In diesem Kapitel werden zwei Arten von limitationalen Produktionsfunktionen erläutert, welche sich sehr stark unterscheiden.

3.1 Leontief-Produktionsfunktion

Die Leontief-Produktionsfunktion ist eine linear-limitationale Produktionsfunktion. Allgemein kann sie bei einstufiger Einproduktproduktion wie folgt geschrieben werden:

$$\begin{array}{cccc} r_1 & = & a_1 & x \\ . & . & . & . \\ . & . & . & . \\ r_I & = & a_I & x \end{array}$$

$$\text{bzw. } r_i = a_i x; \quad a_i = const. > 0, \quad i = 1, ..., I. \tag{3.1}$$

Dabei bezeichnen die a_i die konstanten Produktionskoeffizienten. Man sieht, dass die Leontief-Produktionsfunktion hier nicht in der Form einer Ertragsfunktion $x = f(r_1, ..., r_I)$ dargestellt wird. Stattdessen verwendet man die Aufwandsfunktionen der Einsatzfaktoren zur Darstellung einer Leontief-Produktionsfunktion. Dies liegt daran, dass jede Ausbringungsmenge nur mit einer Kombination von Einsatzfaktoren effizient hergestellt werden kann. Die Ertragsfunktion würde somit bei Konstanz der restlichen Einsatzfakoren auf einen Punkt schrumpfen. Die Darstellung $x = f(r_1, ..., r_I)$ eignet sich insofern nicht, da der Zusammenhang der Einsatzmengen der verschiedenen

Faktoren nicht abgebildet werden kann. Man kann die Produktionsfunktion in folgender Form darstellen:

$$x = \frac{r_i}{a_i}, i = 1, ..., I, \tag{3.2}$$

d.h. es gilt

$$\frac{r_i}{a_i} = \frac{r_{\hat{\imath}}}{a_{\hat{\imath}}}$$

für alle $i, \hat{\imath} \in \{1, ...I\}$. Man sieht, dass hier explizit der Zusammenhang zwischen den Einsatzmengen der einzelnen Faktoren bestimmt wird. Damit ist sichergestellt, dass nur effiziente Kombinationen betrachtet werden.

Möchte man eine limitationale Produktionsfunktion graphisch darstellen, so erfolgt dies mit Hilfe einer Prozessgeraden. Der Prozessstrahl bildet alle effizienten Faktorkombinationen ab (vergleiche Abbildung 3.1 für den Fall I=2).

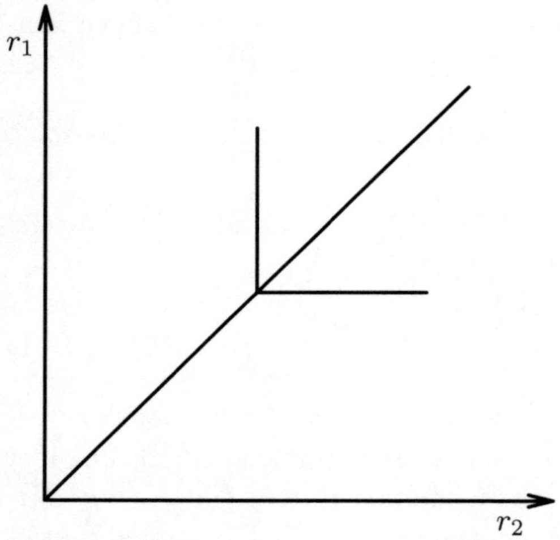

Abbildung 3.1: Isoquante und Prozessstrahl einer Leontief-Produktionsfunktion

3.1.1 Eigenschaften

Wie bereits am Anfang dieses Kapitels erwähnt, kann eine Leontief-Funktion nicht ohne weiteres in Form einer Produktionsfunktion dargestellt werden. Dennoch sollen hier verschiedene Eigenschaften einer Leontief-Funktion besprochen werden.

Die Grenzproduktivität eines Faktors ist bei einer Leontief-Produktionsfunktion abhängig von den Einsatzmengen der anderen Faktoren. Werden die Einsatzmengen der anderen Faktoren konstant gehalten, so führt die Erhöhung der Einsatzmenge des betrachteten Faktors zu keiner Erhöhung der Ausbringungsmenge. Somit ist die Grenzproduktivität Null. Ist der betrachtete Faktor jedoch der *Engpassfaktor*[1], so nimmt die Grenzproduktivität einen positiven Wert an:

$$\frac{\partial x}{\partial r_i} = \frac{1}{a_i}. \tag{3.3}$$

Man sieht, dass die Grenzproduktivität eines Faktors nun dem Reziprok seines Produktionskoeffizienten a_i entspricht.

Die Durchschnittsproduktivität eines Faktors entspricht auch dem Kehrwert des Produktionskoeffizienten. Da der Produktionskoeffizient konstant ist, sind auch Grenzproduktivität und Durchschnittsproduktivität konstant:

$$\frac{x}{r_i} = \frac{1}{a_i}. \tag{3.4}$$

Der Grenzaufwand ist der Aufwand, der entsteht, wenn eine zusätzliche Einheit des Produkts produziert wird. Bei Faktor i:

$$\frac{\partial r_i}{\partial x} = a_i. \tag{3.5}$$

Auch er ist konstant und entspricht dem Produktionskoeffizienten.

Bei einer Leontief-Produktionsfunktion handelt es sich um eine linear-homogene Produktionsfunktion. Dies folgt aus der Eigenschaft der linearen Limitationalität.

Mehrere limitationale Prozesse

Oft kann ein Unternehmen zwischen verschiedenen Produktionsverfahren wählen, wobei jedes der Verfahren durch eine li-

[1]Ein Engpassfaktor ist ein Faktor, von dem in Bezug auf die Input-Output-Verhältnisse relativ am wenigsten zur Verfügung steht.

mitationale Produktionsfunktion beschrieben wird. Dann existieren mehrere limitationale Produktionsprozesse. Man unterscheidet dabei, ob die Prozesse mischbar sind oder nicht. Mischbar sind Prozesse, wenn eine bestimmte Ausbringungsmenge mit mehr als einem Prozess erzeugt werden kann. Man kann sich vorstellen, dass einem Unternehmen mehrere Maschinen zur Verfügung stehen, mit denen es ein Produkt herstellen kann. Jede dieser Maschinen spiegelt einen Prozess wider. Kann das Unternehmen nur eine Maschine einsetzen, so sind die Prozesse nicht mischbar. Kann es hingegen den Einsatz der Maschinen z.B. zeitlich derart kombinieren, dass es erst mit einem Verfahren produziert und danach mit einem anderen, so spricht man von mischbaren Prozessen.

Stehen einem Unternehmen Π, $\Pi \in N$ reine Prozesse zur Verfügung, so kann eine Leontief-Produktionsfunktion in der folgenden Form formuliert werden:

$$\begin{array}{cccc} r_1^\pi & = & a_1^\pi & x^\pi \\ . & . & . & . \\ . & . & . & . \\ . & . & . & . \\ r_I^\pi & = & a_I^\pi & x^\pi \end{array} \qquad (3.6)$$

$$\pi = 1, ..., \Pi \text{ und } a_i^\pi = \text{const.} > 0$$
$$\text{für alle } i = 1, ..., I \text{ und } \pi = 1, ..., \Pi.$$

Dabei sind x^πdie Mengen des Endprodukts, die mittels des π-ten Prozesses hergestellt werden, a_i^π sind die dazugehörenden Produktionsfaktoren und r_i^π die benötigten Einsatzmengen des Faktors i.

Stehen einem Unternehmen mehrere Prozesse zur Verfügung, so stellt sich das Problem, die effizienten Prozesse zu finden, die die Produktionsfunktion determinieren. Wie man die Prozesse findet, soll an folgendem Beispiel demonstriert werden. Es existieren drei Prozesse, bei denen jeweils zwei Faktoren eingesetzt werden. Zuerst soll angenommen werden, dass sie nicht mischbar seien. Damit die Prozesse auch graphisch darstellbar sind, werden hier nur zwei Einsatzfaktoren und ein Produkt betrachtet. Die Prozesse werden durch ihre Basisproduktionspunkte dargestellt. Diese geben an, wieviel man von den einzelnen Faktoren benötigt, um eine Einheit des Produktes herzustellen. Da die Prozesse linear-limitational sind, ist durch einen Basisproduktionspunkt ein Prozess vollständig beschrieben.

$$\begin{aligned} Y^1 : y_1 &= \begin{pmatrix} -5 \\ -3 \\ 1 \end{pmatrix}; \quad Y^2 : y_2 = \begin{pmatrix} -4 \\ -4 \\ 1 \end{pmatrix} \\ Y^3 : y_3 &= \begin{pmatrix} -6 \\ -3 \\ 1 \end{pmatrix} \quad \text{mit } y_i = \begin{pmatrix} -r_1 \\ -r_2 \\ x \end{pmatrix} \end{aligned}$$

Beim Prozess Y^1 benötigt das Unternehmen also 5 Einheiten von Faktor 1 und 3 von Faktor 2, um eine Einheit von x herzustellen. Ob nun alle Prozesse effizient sind, ermittelt man durch paarweisen Vergleich. Dabei genügt es zu überprüfen, ob jeder Prozess inputeffizient ist, da der Output bei allen Prozessen derselbe ist. Wie Inputeffizienz definiert ist, wurde bereits im ersten Kapitel beschrieben. Betrachtet man die durch ihre Basisproduktionspunkte dargestellten Prozesse, so sieht man, dass Prozess Y^1 den Prozess Y^3 dominiert. Um eine Einheit zu produzieren, muss bei Prozess Y^1 bei Faktor 1 eine Einheit weniger als bei Prozess Y^3 und gleich viel bei Faktor 2 eingesetzt werden. Das Unternehmen wird also bei seiner Produktionsplanung nur die ersten beiden Prozesse berücksichtigen. Die Produktionsfunktion besteht nun aus den Prozessen Y^1 und Y^2.

Sind auch Mischprozesse zugelassen, so ist eine Leontief-Produktionsfunktion durch die obige Darstellungsweise nicht vollständig beschrieben. Es müssen nun auch die Mischprozesse beschrieben werden. Die Produktionskoeffizienten eines solchen Mischprozesses $\hat{\pi}$ haben dann bei zwei reinen Prozessen folgende Form

$$\begin{aligned} a_1^{\hat{\pi}} &= \lambda a_1^1 + (1-\lambda)\, a_1^2 \\ a_2^{\hat{\pi}} &= \lambda a_2^1 + (1-\lambda)\, a_2^2; \quad 0 \leq \lambda \leq 1. \end{aligned}$$

Die Meqnarrayer Mischprozesse bei zwei reinen Prozessen ist in Abbildung 3.2 dargestellt.

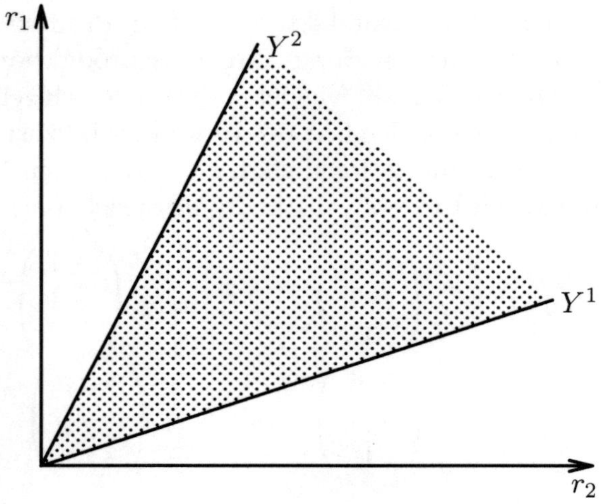

Abbildung 3.2: Menge der Mischprozesse bei zwei reinen Prozessen

Für $\lambda = 0$ nehmen die Produktionskoeffizienten den Wert der Produktionskoeffizienten des zweiten Prozesses an, für $\lambda = 1$ den des ersten Prozesses. Verallgemeinert auf I Faktoren und Π Prozesse kann geschreiben werden:

$$a_i^{\hat{\pi}} = \sum_{\pi=1}^{\Pi} \lambda_\pi a_i^\pi; \quad 0 \leq \lambda \leq 1, \; \pi = 1, ..., \Pi \tag{3.7}$$

mit

$$\sum_{\pi=1}^{\Pi} \lambda_\pi = 1; \quad i = 1, ..., I.$$

Es muss jedoch immer noch gesondert geprüft werden, ob die einzelnen Prozesse effizient sind. Gibt es nur zwei reine Prozesse, welche sich nicht gegenseitig dominieren, so sind auch alle Konvexkombinationen effizient. Gibt es jedoch mehr als zwei reine Prozesse, so stimmt diese Aussage nicht mehr. Es muss nun jede mögliche Konvexkombination mit den reinen Prozessen verglichen werden, um feststellen zu können, welche Kombinationen effizient sind. Wie die Menge der Mischprozesse aussieht und wie die effizienten Prozesse bestimmt werden, wird zum einfacheren Verständnis anhand eines Beispiels demonstriert. Es existieren nun drei reine Prozesse, welche auch gemischt werden können.

$$Y^1 : y_1 = \begin{pmatrix} -4 \\ -4 \\ 1 \end{pmatrix}; \quad Y^2 : y_2 = \begin{pmatrix} -7 \\ -2 \\ 1 \end{pmatrix}$$

$$Y^3 : y_3 = \begin{pmatrix} -6 \\ -3 \\ 1 \end{pmatrix}.$$

Ein paarweiser Vergleich zeigt, dass kein Prozess einen anderen Prozess dominiert. Nun kann aber auch ein gemischter Prozess einen reinen Prozess dominieren. Um zu überprüfen, ob ein reiner Prozess durch einen gemischten Prozess dominiert wird, müssen mögliche Konvexkombinationen der anderen Prozesse mit dem betrachteten verglichen werden. Wird eine Konvexkombination aus den Produktionspunkten zweier reiner Prozesse erzeugt, bei der dieselbe Ausbringungsmenge erzielt und bei einem Faktor dieselbe Menge eingesetzt wird, so genügt es, die Einsatzmenge des anderen Faktors bei der Konvexkombination mit der Einsatzmenge beim reinen Prozess für dieselbe Ausbringungsmenge zu vergleichen. Dies soll an folgendem Beispiel verdeutlicht werden. Es wird überprüft, ob der Prozess Y^3 durch einen Mischprozess aus Y^1 und Y^2 dominiert wird. Man setzt die Ausbringungsmenge auf 1 und die Einsatzmenge bei Faktor 1 auf 6. Somit müssen nur die Einsatzmengen des Faktors 2 verglichen werden.

$$\begin{aligned}
(1-\lambda)\begin{pmatrix} -4 \\ -4 \\ 1 \end{pmatrix} + \lambda \begin{pmatrix} -7 \\ -2 \\ 1 \end{pmatrix} &= \begin{pmatrix} -6 \\ -a \\ 1 \end{pmatrix} \\
4 \cdot (1-\lambda) + 7 \cdot \lambda &= 6 \\
4 \cdot (1-\lambda) + 2 \cdot \lambda &= a \\
\lambda &= \frac{2}{3} \\
a &= \frac{8}{3}.
\end{aligned}$$

Es wird deutlich, dass mit Hilfe eines Mischprozesses aus Y^1 und Y^2 eine Einheit des Gutes günstiger hergestellt werden kann. Bei gleicher Menge des Faktors 1 wie bei Y^3 (nämlich 6) genügen $\frac{8}{3} < 3$ Einheiten von Faktor 2, um eine Einheit zu produzieren. Der Prozess Y^3 wird somit durch einen Mischprozess dominiert und ist nicht effizient.

3.1.2 Kostenfunktion

Nun soll die zu einer Leontief-Produktionsfunktion gehörende Kostenfunktion hergeleitet werden. Zuerst soll der Fall betrachtet werden, dass nur ein reiner Prozess vorliegt. Es existiert dann bei gegebener Ausbringungsmenge nur eine effiziente Faktoreinsatzkombination

$$\begin{array}{cccc} r_1 & = & a_1 & x \\ \cdot & \cdot & \cdot & \cdot \\ \cdot & \cdot & \cdot & \cdot \\ r_I & = & a_I & x \end{array} \qquad i = 1, ..., I.$$

Die Kosten ergeben sich nun, indem man die Einsatzfaktoren mit ihren Faktorpreisen bewertet. Die Kostenfunktion hat dann folgende Form

$$K = \sum_{i=1}^{I} q_i r_i = \sum_{i=1}^{I} q_i a_i x = \left(\sum_{i=1}^{I} q_i a_i \right) x. \tag{3.8}$$

Es zeigt sich, dass die zu einer Leontief-Produktionsfunktion gehörende Kostenfunktion linear verläuft und keinen Fixkostenanteil beinhaltet. Die Steigung ergibt sich aus der Summe der mit den zugehörenden Faktorpreisen gewichteten Produktionskoeffizienten. Die Grenzkosten entsprechen hier den Durchschnittskosten und sind:

$$\frac{dK}{dx} = \frac{K}{x} = \left(\sum_{i=1}^{I} q_i a_i \right). \tag{3.9}$$

Graphisch wird die Minimalkostenkombination ermittelt, indem der Tangentialpunkt von Isoquante und Isokostenlinie gesucht wird. Dieser Punkt liegt immer im Eckpunkt der Isoquante und ist gleichzeitig der einzige effiziente Produktionspunkt. Die Minimalkostenkombination ändert sich nicht, wenn sich die Faktorpreise ändern.

Gibt es nun Π effiziente reine Produktionsprozesse, so lautet die Kostenfunktion für den Prozess π:

$$K^{\pi}(x) = \left(\sum_{i=1}^{I} q_i a_i^{\pi} \right) x. \tag{3.10}$$

Sind die reinen Prozesse nicht kombinierbar, so wird der Prozess π^* gewählt, für den gilt:

$$K^{\pi^*}(x) = \min_{\pi=1,\dots\Pi} K^{\pi}(x). \tag{3.11}$$

Da es sich hier um lineare Kostenfunktionen mit nur variablen Kosten handelt, wählt man den Prozess mit den geringsten Grenz- bzw. Durchschnittskosten. Es ist also ausreichend, wenn untersucht wird, mit welchem Prozess eine Einheit des Produktes am billigsten hergestellt werden kann.

Sind die reinen Prozesse mischbar und $\hat{\Pi} \leq \Pi$ Prozesse kostenminimal, so sind auch alle unreinen Prozesse, die eine Konvexkombination dieser Prozesse bilden, kostenminimal. Formal kann dies folgendermaßen dargestellt werden.

$$x = \lambda^1 x + \dots\dots + \lambda^{\hat{\Pi}} x$$

mit

$$0 \leq \lambda^{\pi} \leq 1, \quad \pi = 1, \dots\dots, \hat{\Pi}$$

und

$$\sum_{\pi=1}^{\hat{\Pi}} \lambda^{\pi} = 1$$

$$\begin{aligned} K(x) &= K^1(\lambda^1 x) + \dots\dots + K^{\hat{\Pi}}\left(\lambda^{\hat{\Pi}} x\right) \\ K(x) &= \left(\sum_{i=1}^{I} q_i a_i^1 \right) (\lambda^1 x) + \dots\dots + \left(\sum_{i=1}^{I} q_i a_i^{\hat{\Pi}} \right) \left(\lambda^{\hat{\Pi}} x\right) \\ &= \left[\sum_{\pi=1}^{\hat{\Pi}} \sum_{i=1}^{I} (q_i a_i^{\pi} \lambda^{\pi}) \right] x. \end{aligned}$$

Es wird erneut deutlich, dass auch die Kostenfunktion einer Konvexkombination linear verläuft und keine Fixkosten beinhaltet.

Sind alle Faktoren unbegrenzt vorhanden, so wird der Prozess mit den geringsten Kosten gewählt. Wenn es mehrere kostenminimale Prozesse gibt, so kann auch eine Konvexkombination gewählt werden. Sind jedoch bestimmte Einsatzfaktoren nur begrenzt vorhanden, so kann es sein, dass ab einer bestimmten Produktionsmenge auf einen kostenungünstigeren Prozess übergegangen werden muss. Wie dieser Übergang aussieht, damit unter gegebenen Faktorrestriktionen die Kosten weiter minimiert werden, soll anhand des Beispiels erläutert werden.

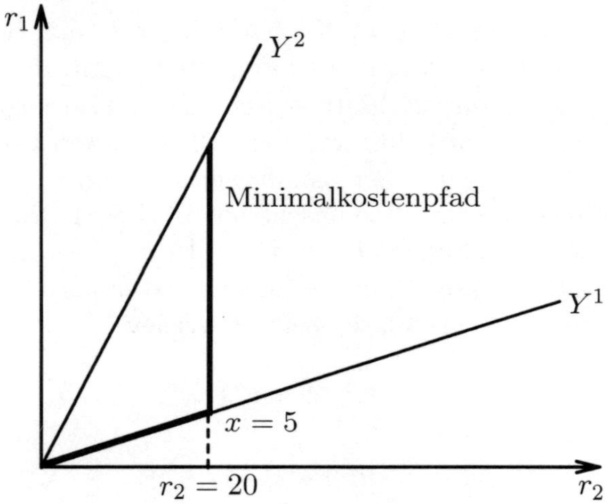

Abbildung 3.3: Minimalkostenpfad bei beschränkten Faktorressourcen

Es werden dieselben Produktionsprozesse Y^1, Y^2 und Y^3 betrachtet. Da Y^3 nicht effizient ist, müssen nur Y^1 und Y^2 berücksichtigt werden. Die Faktorkosten sind $q_1 = q_2 = 3$. Ohne Faktorrestriktion wählt man Prozess Y^1, da er kostenminimal ist ($k_1 = 3 \cdot 4 + 3 \cdot 4 = 24$, $k_2 = 3 \cdot 7 + 3 \cdot 2 = 27$). Ist nun jedoch die vorhandene Menge des Faktors 2 beschränkt, so muss man ab einer bestimmten Produktionsmenge auch mit Y^2 produzieren. Wie der Substitutionsprozess abläuft, soll graphisch gezeigt werden. Es sind nur 20 Einheiten von Faktor 2 vorhanden. Mit Y^1 können dann maximal 5 Einheiten produziert werden. Möchte man mehr als 5 Einheiten produzieren, so muss teilweise Y^2 eingesetzt werden. Man wird jedoch versuchen, so viel wie möglich weiterhin mit Y^1 zu produzieren, da mit ihm niedrigere Produktionskosten verbunden sind. Wie der Minimalkostenpfad nun aussieht, wird in der Abbildung 3.3 gezeigt.

Der Minimalkostenpfad ist in der Graphik 'fett' eingezeichnet. Man sieht, dass für Produktionsmengen größer 5 die Einsatzmenge von Faktor 2 immer maximal eingesetzt wird. Dies garantiert, dass so viel wie möglich mit Prozess Y^1 und so wenig wie nötig mit Prozess Y^2 produziert wird, da bei Prozess Y^1 der Faktor 2 relativ intensiv genutzt wird. Möchte man die Kostenfunktion für $x > 5$ ermitteln, so macht man sich diese Eigenschaft zunutze. Die gewünschte Menge soll nun von beiden Prozessen gemeinsam produziert werden:

$$\begin{aligned}
\begin{pmatrix} -r_1 \\ -20 \\ x \end{pmatrix} &= a \cdot \begin{pmatrix} -4 \\ -4 \\ 1 \end{pmatrix} + b \cdot \begin{pmatrix} -7 \\ -2 \\ 1 \end{pmatrix} \\
r_1 &= 4a + 7b \\
20 &= 4a + 2b \\
x &= a + b \\
(x &> 5, x \geq a, b \geq 0).
\end{aligned}$$

Die Auflösung dieses Gleichungssystems ergibt folgenden Zusammenhang:

$$r_1 = 10x - 30.$$

Diesen Zusammenhang und $r_2 = 20$ setzt man nun in die Kostenfunktion ein:

$$\begin{aligned}
K &= 3 \cdot r_1 + 3 \cdot r_2 \\
&\leftrightarrow \; K = 3 \cdot (10x - 30) + 3 \cdot 20 \\
K &= 30x - 30.
\end{aligned}$$

Wenn die Einsatzmenge des Faktors 2 auf 20 Einheiten beschränkt ist, dann hat die Kostenfunktion folgende Form:

$$K = \begin{cases} 24x & \text{für } 0 \leq x \leq 5 \\ 30x - 30 & \text{für } 5 < x \leq 10 \end{cases}$$

Sobald mehr als 5 Einheiten produziert werden sollen, steigen die Grenzkosten von 24 auf 30 an. Zwischen der Menge $x = 5$

und $x = 10$ sind sie dann jedoch konstant. Die Durchschnittskosten steigen hingegen an, bis sie bei der Menge $x = 10$ die Durchschnittskosten des zweiten Prozesses erreicht haben.

3.1.3 Aufgaben

1. Gegeben sei ein limitationaler Produktionsprozess. Beschrieben wird er durch folgende Faktorfunktionen:

$$\begin{aligned} r_1 &= 3 \cdot x \\ r_2 &= 2 \cdot x \end{aligned}$$

a) Zeichnen Sie die Isoquante für x = 2. Welche Kombinationen von Faktor 1 und 2 sind effizient?
b) Berechnen Sie Produktionskoeffizienten und Durchschnittsproduktivitäten.
c) Nun sei die Einsatzmenge der Faktoren begrenzt. Von Faktor 1 können maximal 12, von Faktor 2 maximal 10 Einheiten eingesetzt werden. Wieviele Einheiten von x können maximal produziert werden?
d) Der Preis von Faktor 1 beträgt 5, der von Faktor 2 ist 2. Berechnen Sie die Minimalkostenkombination für x = 2. Wie hoch sind dann die Kosten?
e) Stellen Sie die Kostenfunktion auf.

2. Ein Unternehmen produziert ein Produkt. Dafür stehen ihm vier Produktionsprozesse zur Verfügung, die durch folgende Produktionspunkte beschrieben sind:

$$\begin{aligned} Y^1 : y_1 &= \begin{pmatrix} -4 \\ -4 \\ 1 \end{pmatrix}; \; Y^2 : y_2 = \begin{pmatrix} -7 \\ -2 \\ 1 \end{pmatrix} \\ Y^3 : y_3 &= \begin{pmatrix} -6 \\ -3 \\ 1 \end{pmatrix}; \; Y^4 : y_4 = \begin{pmatrix} -4 \\ -5 \\ 1 \end{pmatrix}. \end{aligned}$$

Zunächst sei angenommen, dass nur reine Prozesse realisierbar sind. Dies bedeutet, dass die Prozesse nicht gemischt werden können.
a) Stellen Sie für jeden Prozess die Faktoraufwandsfunktionen auf.

b) Zeichnen Sie den Prozessstrahl für jeden der vier Prozesse und die zur Ausbringungsmenge $x = 1$ zugehörigen Isoquanten.
c) Überprüfen Sie, ob alle Prozesse technisch effizient sind.
d) Die Preise der Einsatzfaktoren betragen 2 und 4 für die Faktoren 1 und 2. Berechnen Sie die Minimalkostenkombination für die Menge x = 3. Wie hoch sind die Kosten?
e) Berechnen Sie die Kostenfunktion. Zeichnen Sie den Minimalkostenpfad.
Nun seien die Prozesse mischbar.
f) Überprüfen Sie, welche Prozesse technisch effizient sind.
g) Ermitteln Sie nun erneut die Kostenfunktion.
h) Die Einsatzmenge von Faktor 1 sei nun auf 70 Einheiten beschränkt. Was wird das Unternehmen tun, wenn es mehr als 10 Einheiten von x produzieren und weiter seine Kosten minimieren will? Wie verändern sich die Stückkosten?

3. Einem Unternehmen stehen drei verschiedene Produktionsprozesse zur Verfügung:

$$Y^1 : y_1 = \begin{pmatrix} -2 \\ -5 \\ 1 \end{pmatrix}; \quad Y^2 : y_2 = \begin{pmatrix} -3 \\ -3 \\ 1 \end{pmatrix};$$

$$Y^3 : y_3 = \begin{pmatrix} -7/3 \\ -7/3 \\ 1 \end{pmatrix}.$$

Die Prozesse können beliebig gemischt werden.
a) Ermitteln Sie graphisch und rechnerisch die effizienten Prozesse.
b) Die Preise der Faktoren seien nun jeweils 3. Ermitteln Sie die Kostenfunktion und zeichnen Sie den Minimalkostenpfad ein.
c) Wie verändert sich die Kostenfunktion, wenn die Einsatzmenge des Faktors 1 auf 21 Einheiten beschränkt ist?

3.2 Gutenberg-Produktionsfunktion

Eine weitere limitationale Produktionsfunktion wurde 1957 von Erich Gutenberg entwickelt. Gutenberg berücksichtigte als erster, dass der Verbrauch einiger Faktoren nicht nur von der Ausbringungsmenge, sondern auch von der technischen Fahrweise der Betriebsmittel abhängt. So ist z.B. der Stromverbrauch nicht nur von der produzierten Menge, sondern auch von den technischen Eigenschaften einer Maschine und der Produktionsgeschwindigkeit abhängig. Bei einer Gutenberg-Produktionsfunktion handelt es sich insofern um eine limitationale Produktionsfunktion, als bei jeder Produktionsgeschwindigkeit das Faktoreinsatzverhältnis eindeutig (technisch) determiniert ist. Im Gegensatz zu den ertragsgesetzlichen Produktionsfunktionen, die den ganzen Betrieb betrachten, beschränkt sich Gutenberg auf ein einzelnes Aggregat. Dieses Aggregat kann z.B. eine Maschine oder ein Arbeitsplatz sein. Dadurch kann er eine sehr viel detailliertere Analyse des Produktionsprozesses durchführen.

3.2.1 Eigenschaften

Gutenberg unterscheidet zwischen Werkstoffen, die direkt in die Produktion eingehen, und Betriebsmitteln, die bei der Produktion genutzt werden und für die Leistungserstellung erforderlich sind. Die Betriebsmittel verschleißen mit der Nutzung und im Zeitablauf. Ihr Bestand wird jedoch bei kurzfristiger Betrachtung wie der Bestand an Arbeitskräften als konstant angesehen. Lediglich ihre Leistungsabgabe pro Zeiteinheit ist variabel. Weiter unterscheidet er zwischen Roh- und Betriebsstoffen einerseits, die direkt in die Produktion eingehen und die untereinander in einem limitationalem Verhältnis stehen sowie sich proportional zur Ausbringungsmenge entwickeln und denjenigen Betriebsstoffen, deren Verbrauch nicht nur von der Ausbringungsmenge, sondern auch von der Fahrweise eines Betriebsmittels abhängt.

Es rücken hier also einerseits die Betriebsmittel in den Mittelpunkt, deren Bestand zwar kurzfristig konstant ist, deren Leistungsabgabe jedoch innerhalb gewisser Grenzen durch verschiedene Fahrweisen variiert werden kann und anderseits die

Verbrauchsfaktoren, deren Einsatzmenge von der Fahrweise abhängt. Durch verschiedene Fahrweisen der Betriebsmittel ist es dem Unternehmen möglich, auf Beschäftigungsschwankungen zu reagieren. Je nachdem, welche Fahrweisen es wählt, erhält das Unternehmen mit einer bestimmten Faktoreinsatzkombination verschiedene Ausbringungsmengen. Während bei den Produktionsfunktionen, die weiter oben diskutiert worden sind, immer ein unmittelbarer Zusammenhang zwischen der Einsatzmenge der Faktoren und der Ausbringungsmenge besteht, existiert hier nur noch ein mittelbarer Zusammenhang, bei dem die spezifischen Eigenschaften der Betriebsmittel und ihre Einsatzbedingungen berücksichtigt werden. Dies bedeutet, dass mit denselben Faktoreinsatzmengen, abhängig von der Fahrweise, unterschiedliche Ausbringungsmengen produziert werden. Für das Unternehmen stellt sich nun die Frage, welche Fahrweise es wählen soll, um eine bestimmte Ausbringungsmenge möglichst günstig zu produzieren.

Folgende Einflussgrößen bestimmen bei der Gutenberg-Produktionsfunktion die Einsatzmengen der Verbrauchsfaktoren:

- Die technischen Eigenschaften eines Betriebsmittels, ausgedrückt durch die z-Situation. Gibt z_h die Ausprägung der h-ten Eigenschaft an $h = 1, \ldots.H$, so kann die eines Betriebsmittels durch den Vektor $\underline{z} = (z_1, \ldots., z_H)$ beschrieben werden. Betrachtet man z.B. einen Motor, so kann er durch die Anzahl der Ventile, seinen Hubraum, die maximale Kompression usw. eindeutig beschrieben werden. Daraus kann dann auch die mögliche Leistungsabgabe bestimmt werden. Je nach z-Situation variieren die möglichen Fahrweisen und somit der Bereich der möglichen Leistungsabgabe pro Zeiteinheit. Generell wird angenommen, dass die z-Situation kurzfristig konstant ist und nur langfristig verändert werden kann. Aus diesem Grund wird sie in der folgenden Ausführung nicht weiter berücksichtigt.

- Die Einsatzzeit t, für die die Betriebsmittel eingesetzt werden. Meist gibt es eine maximale Zeit T, für die die Betriebsmittel eingesetzt werden können.

- Die Intensität oder auch Produktionsgeschwindigkeit d. Diese gibt an, wie viele Einheiten des Endprodukts pro Zeiteinheit hergestellt werden.
- Die Anzahl der Betriebsmittel m, welche zur Produktion eingesetzt werden.

Die Verbrauchsfaktoren, die an einem Betriebsmittel eingesetzt werden, weisen limitationale Beziehungen auf. Nur die Erhöhung der Einsatzmengen aller Betriebsmittel ermöglicht eine Erhöhung der Ausbringungsmenge. Dafür muss aber auch die Fahrweise des Betriebsmittels angepasst werden. Ein Unternehmen hat folgende mögliche Anpassungsformen.

3.2.2 Anpassungsformen

Die Ausbringungsmenge ist davon abhängig, wie lange mit welcher Geschwindigkeit und mit wie vielen Aggregaten produziert wird. Formal kann dies auf folgende Weise geschrieben werden:

$$x = d \cdot t \cdot m \tag{3.12}$$

mit

d Intensität [Anzahl der Produkteinheiten pro Zeiteinheit]
t Produktionsdauer [Zeiteinheiten]
m Anzahl der eingesetzten Maschinen [Stück]

Es wird davon ausgegangen, dass die eingesetzten Maschinen identisch sind. Um auf eine Änderung der Ausbringungsmenge zu reagieren, stehen einem Unternehmen somit drei Anpassungsmöglichkeiten zur Verfügung. Solange alle drei Anpassungsformen zur Verfügung stehen, wird es immer versuchen, die kostengünstigste Form zu wählen. Im folgenden sollen die einzelnen Anpassungsformen näher beschrieben werden.

Zeitliche Anpassung
Es kann die Laufzeit t der Betriebsmittel variiert werden. Gibt es keine Mindestlaufzeit der Betriebsmittel, so ist die Untergrenze $t_{\min} = 0$. Die Obergrenze wird durch das Minimum aus maximal vereinbarter Arbeitszeit und maximaler Maschinenlaufzeit determiniert.

$$t \in [t_{\min}, t_{\max}] .$$

Wird die maximal mögliche Laufzeit unterschritten, so bedeutet dies eine Verschwendung eines Teiles der vorhandenen Kapazität.

Quantitative Anpassung
Eine andere Anpassungsmöglichkeit besteht in der Variation der Betriebsmittel. Stehen insgesamt M Betriebsmittel des gleichen Funktionstyps zur Verfügung, so liegt der zulässige Bereich der Anpassung zwischen Null und M, wobei beachtet werden muss, dass nur ganzzahlige Werte in Betracht kommen. Werden weniger als M Maschinen eingesetzt, so findet wiederum eine Verschwendung vorhandener Kapazitäten statt.

$$m \in [0, M], \; m \in N.$$

Intensitätsmäßige Anpassung
Hier wird die Produktionsgeschwindigkeit bzw. die Intensität des Betriebsmittels variiert. Die Intensität wird gemessen als Ausbringungsmenge pro Zeiteinheit

$$d = \frac{x}{t}. \tag{3.13}$$

Sie leitet sich aus den technischen Eigenschaften einer Maschine ab.

Meist besitzen Maschinen eine Mindestintensität, unter der nicht produziert werden kann. Die Maximalintensität wird determiniert durch das Minimum der maximalen Geschwindigkeit des Betriebsmittels und, falls es von einer Arbeitskraft bedient werden muss, deren maximaler Arbeitsgeschwindigkeit.

$$d \in [d_{\min}, d_{\max}].$$

Die verschiedenen Anpassungsformen können auch miteinander kombiniert werden und stehen in substitutionaler Beziehung zueinander. Man kann z.B. bei gegebener Ausbringungsmenge die Produktionszeit vermindern und dafür die Intensität erhöhen. In Abbildung 3.4 sind die verschiedenen Zeit-Intensitätskombinationen dargestellt, mit denen eine bestimmte Ausbringungsmenge hergestellt werden kann. Ziel des Unternehmens ist es, diejenige Kombination aus Produktionszeit,

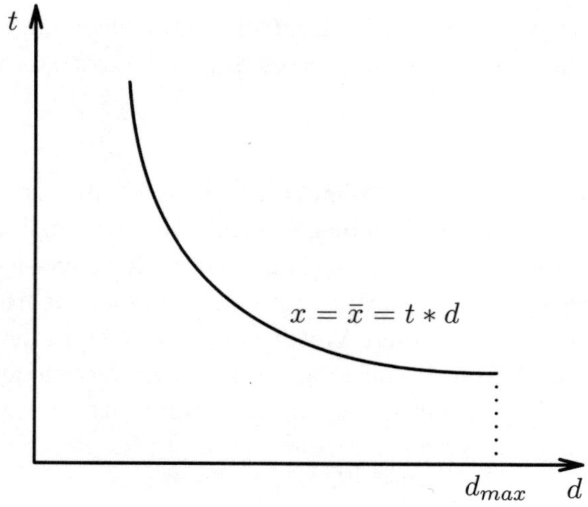

Abbildung 3.4: Substitution von Anpassungsformen

Anzahl der Betriebsmittel und Intensität zu finden, bei der eine gegebene Ausbringungsmenge mit den geringsten Kosten produziert werden kann. Um die optimale Kombination aus zeitlicher, intensitätsmäßiger und quantitativer Anpassung zu finden, muss man die Verbrauchsfunktionen der einzelnen Faktoren kennen. In Abbildung 3.5 sind mögliche Verläufe von Verbrauchsfunktionen abgebildet.

3.2.3 Verbrauchsfunktionen

Die Verbrauchsfunktion stellt den Kern der Gutenberg-Produktionsfunktion dar. Sie gibt den Einsatz der mittelbar eingehenden Faktoren in Abhängigkeit von der Anzahl der Betriebsmittel und der Intensität an.

$$a_i = a_i\left(d, z\right) \qquad i = 1, ...I. \tag{3.14}$$

Sie gibt also an, wie sich der Produktionskoeffizient eines Faktors i bei den verschiedenen Anpassungsformen verändert. Die Haupteinflussgröße ist dabei die Intensität. Mit jeder Variation der Intensität gelangt man zu einem neuen Produktionsprozess und somit zu einem neuen Produktionskoeffizienten. Abstrahiert man wie Gutenberg von der z-Situation, so kann die

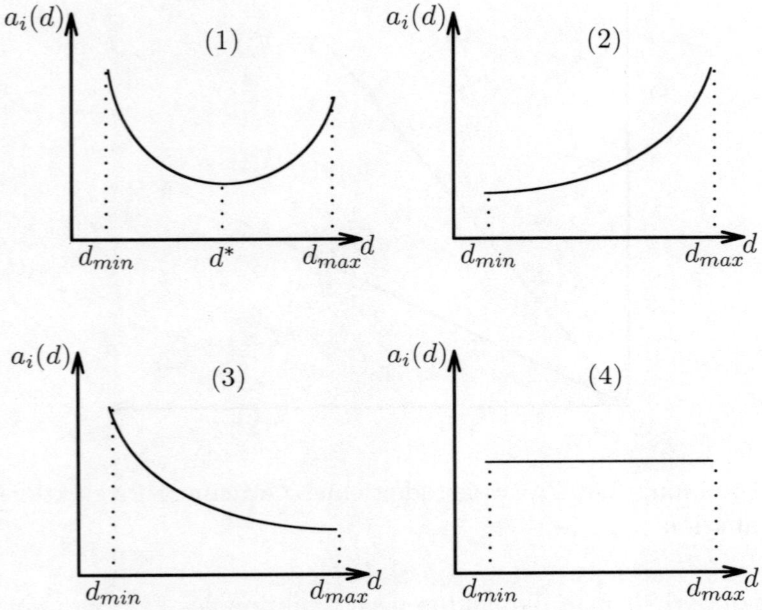

Abbildung 3.5: Mögliche Verläufe einer Verbrauchsfunktion (vgl. Steven 1998, S. 144)

Verbrauchsfunktion wie folgt geschreiben werden:

$$a_i = a_i\,(d)\,. \tag{3.15}$$

Je nach Art des Einsatzfaktors gibt es verschiedene Verläufe der Verbrauchsfunktion. Ein allgemein gültiger Verlauf existiert nicht. Oft wird jedoch beobachtet, dass der Verbrauch mit zunehmender Intensität zuerst fällt und danach wieder steigt (vgl. erste Graphik in Abbildung 3.5).

Bei Gutenberg existiert nun zu jeder Intensität genau ein limitationaler Produktionsprozess. Betrachtet man nur zwei Einsatzfaktoren, so kann der Produktionsprozess wieder mit Hilfe von Prozessgeraden dargestellt werden (vgl. Abbildung 3.6).

Es wird deutlich, dass bei Konstanz der Intensität wieder ein limitationaler Prozess vorliegt. Wird die Verbrauchsfunktion eines Faktors i mit der Ausbringungsmenge multipliziert,

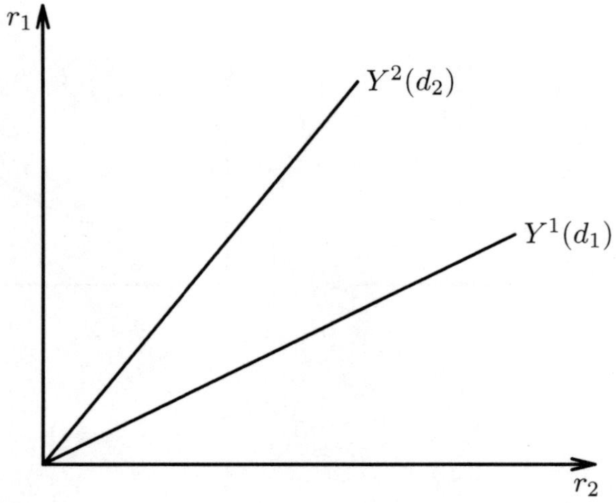

Abbildung 3.6: Prozessgeraden einer Gutenberg-Produktionsfunktion

dann erhält man die Faktoreinsatzfunktion des Faktors i einer Gutenberg-Produktionsfunktion.

$$r_i = a_i\,(d, z) \cdot x \qquad i = 1, ..., I. \tag{3.16}$$

Beachtet man auch hier nur die Haupteinflussgröße Intensität, so hat die Faktoreinsatzfunktion folgende Form:

$$r_i\,(x) = a_i\,(d) \cdot x \qquad i = 1, ..., I. \tag{3.17}$$

Die Ausbringungsmenge wiederum ist abhängig von der Intensität und der Produktionszeit:

$$x = d \cdot t \cdot m.$$

Eingesetzt in die Faktorverbrauchsfunktion, ergibt

$$r_i = a_i\,(d) \cdot d \cdot t \cdot m. \tag{3.18}$$

Die Einsatzmenge r_i eines Faktors hängt nun von der Intensität, der Produktionszeit und von der Anzahl der eingesetzten Maschinen ab. Auf den Zusammenhang zwischen diesen Variablen und der Ausbringungsmenge wird weiter unten eingegangen.

Da bei einer Gutenberg-Produktionsfunktion sowohl die Ausbringungsmenge als auch die Faktoreinsatzmengen von der Fahrweise der Betriebsmittel abhängen, ist es sinnvoll, die zulässige Technologiemenge einer Gutenberg-Technologie in Abhängigkeit von den Parametern t, m, d anzugeben (vgl. hierzu Dinkelbach und Rosenberg 1994, S. 137).

$$T = \left\{ \begin{pmatrix} t \\ m \\ d \end{pmatrix} \middle| \begin{array}{ll} r_i = a_i(d) \cdot t \cdot m \cdot d \leq r_i^0 & i = 1, ..., I \\ x = t \cdot m \cdot d \geq x^0 & \\ t_{\min} \leq t \leq t_{\max} & \\ m \in [0, 1, ..., M] & \\ d_{\min} \leq d \leq d_{\max} & \end{array} \right. \tag{3.19}$$

Die erste Zeile drückt aus, dass die benötigten Einsatzfaktoren nicht unbeschränkt vorhanden sind. Durch die Ungleichung in der zweiten Zeile wird eine Mindestausbringungsmenge gefordert. Die nachfolgenden Zeilen drücken aus, was oben hinsichtlich Zeit, Intensität und Anzahl der eingesetzten Betriebsmittel diskutiert wurde.

Nachdem gezeigt worden ist, von welchen Variablen die Einsatzmenge eines Faktors abhängig ist, sollen nun verschiedene Faktoreinsatzfunktionen in Abhängigkeit der einzelnen Variablen betrachtet werden.

Faktorfunktionen bei rein intensitätsmäßiger Anpassung
Wird auf Änderungen der Ausbrinungsmenge nur mit einer Variation der Produktionsintensität d reagiert und wird somit die Produktionszeit $t = \bar{t}$ konstant gehalten, erhält man folgende Faktoreinsatzfunktion:

$$r_i = a_i(d) \cdot d \cdot \bar{t},$$

wobei im folgenden davon ausgegangen wird, dass nur ein Betriebsmittel ($m = 1$) eingesetzt wird. In Abbildung 3.7 ist für diesen Fall ein typischer Verlauf der Faktoreinsatzfunktion abgebildet. Man erkennt, dass der Verbrauch zunächst unterproportional und ab einer bestimmten Intensität überproportional zunimmt. Verändert man die Produktionszeit t, so dreht sich die Funktion um den Ursprung, der Verlauf bleibt jedoch derselbe.

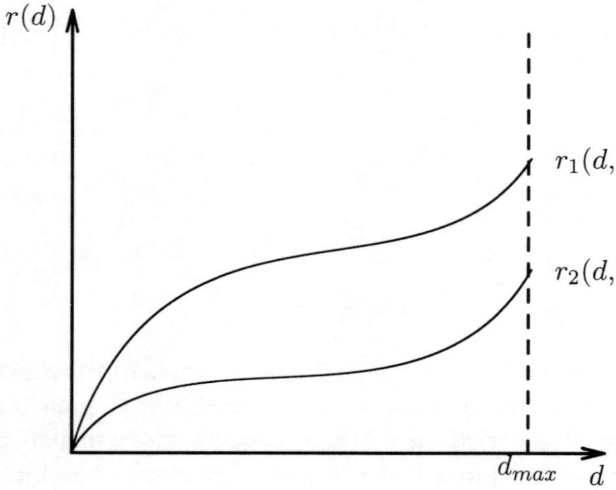

Abbildung 3.7: Faktoreinsatzfunktionen in Abhängigkeit der Intensität

In Abbildung 3.8 ist die zu der in Abbildung 3.7 dargestellten Faktoreinsatzfunktion gehörenden Verbrauchsfunktion in Abhängigkeit der Intensität abgebildet. Man erkennt, dass der Verbrauch zunächst sinkt, um danach wieder anzusteigen. Typisch ist ein solcher Verlauf z.B. für den Stromverbrauch vieler Maschinen, die über eine optimale Intensität d^* verfügen, bei der der Verbrauch minimal wird.

Oft existiert eine maximale Intensität $d^{\max}$, mit der ein Betriebsmittel betrieben werden kann. Abbildung 3.7 verdeutlicht, dass bei gegebener Einsatzzeit dadurch auch der maximale Faktorverbrauch determiniert ist.

Faktoreinsatzfunktion bei rein zeitlicher Anpassung

Im vorherigen Abschnitt wurde unterstellt, dass auf Ausbringungsmengenänderungen nur mit einer Variation der Produktionsintensität reagiert wird. In diesem Abschnitt sei nun unterstellt, dass die Produktionsintensität $d = \overline{d}$ konstant sei, und

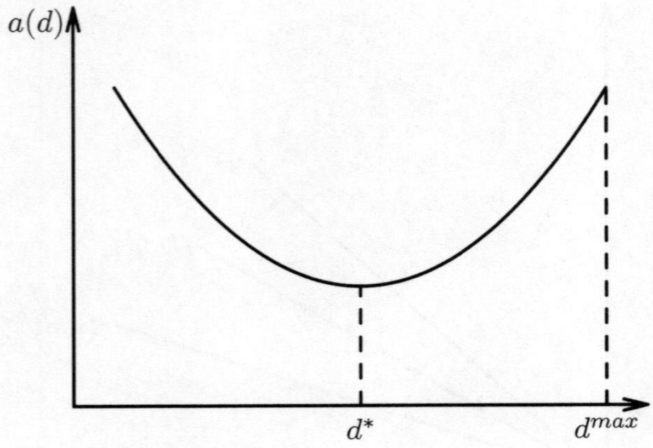

Abbildung 3.8: Verbrauchsfunktion

auf Änderungen der Ausbringungsmenge nur mit einer Variation der Produktionszeit reagiert wird. In diesem Fall erhält man folgende Faktoreinsatzfunktion:

$$r_i = a_i\left(\overline{d}\right) \cdot \overline{d} \cdot t,$$

wobei wieder unterstellt wird, dass nur ein Betriebsmittel eingesetzt wird.

Mit zunehmender Einsatzzeit steigt der Faktorverbrauch nun linear an (siehe Abbildung 3.9). Die Steigung der Faktorverbrauchsfunktion ist dabei von der Produktionsintensität abhängig. Zu beachten ist dabei, dass die Faktorverbrauchsfunktion mit der minimalen Steigung nicht auch die optimale Intensität d^* widerspiegelt, da die Steigung der Faktorverbrauchsfunktion in Abhängkeit der Zeit den Verbrauch pro Zeiteinheit und nicht pro Ausbringungsmengeneinheit abbildet. Existiert eine maximale Einsatzzeit, so führt dies dazu, dass bei einer gegebenen Produktionsintensität auch der maximale Faktorverbrauch determiniert ist.

Faktorfunktion bei rein quantitativer Anpassung
Bei einer rein quantitativen Anpassung werden sowohl die Produktionszeit als auch die Intensität konstant gehalten. Es kann nur die Anzahl der eingesetzten Aggregate m variiert werden.

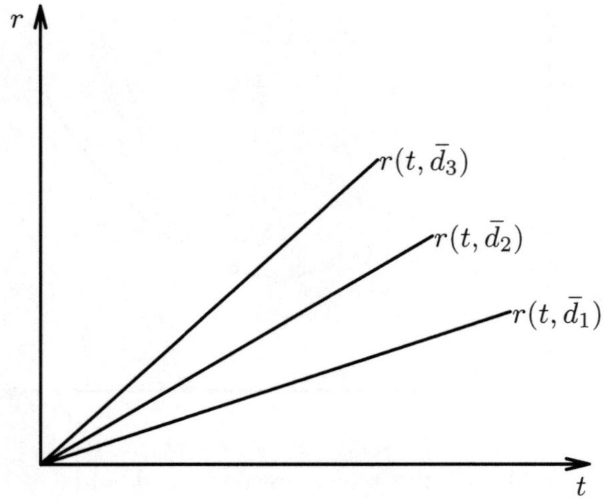

Abbildung 3.9: Faktorverbrauchsfunktion bei zeitlicher Anpassung

Die Verbrauchsfunktion hat dann folgende Form:

$$r = a\left(\overline{d}\right) \cdot \overline{d} \cdot \overline{t} \cdot m.$$

Da m nur ganzzahlige Werte annimmt, verläuft die Funktion, wie in Abbildung 3.10 dargestellt.

Kombinierte zeitliche und intensitätsmäßige Anpassung
Bei einer konstanten Zahl an Maschinen kann ein Unternehmen die gewünschte Ausbringungsmenge mit verschiedenen Kombinationen an Einsatzzeit und Intensität herstellen. Es stellt sich nun die Frage, welche Kombination es wählen soll, wenn es die Einsatzmenge eines Faktors minimieren möchte. Es soll angenommen werden, dass eine quadratische (U-förmige) Verbrauchsfunktion vorliegt, deren Minimum bei d^* liegt. Um die Faktoreinsatzmenge zu minimieren, muss das Unternehmen so lange wie möglich mit d^* produzieren. Auf Änderungen der Ausbringungsmenge sollte es durch eine Variation der Einsatzzeit reagieren. Kann das Unternehmen die gewünschte Ausbringungsmenge in der vorhandenen Zeit nicht mit d^* produzieren, gilt also

$$x > d^* \cdot t_{\max},$$

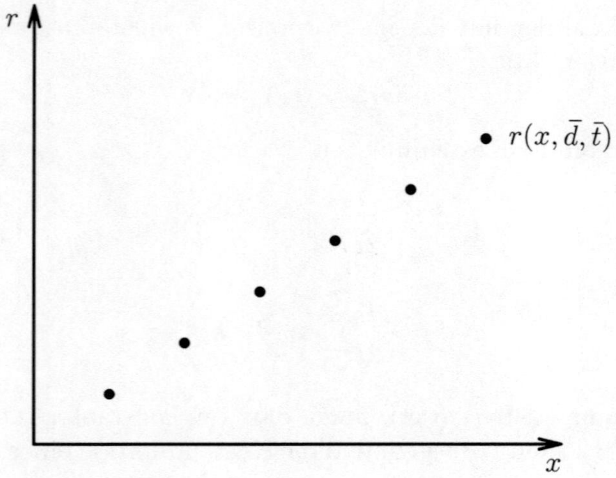

Abbildung 3.10: Faktorverbrauchsfunktion bei quantitativer Anpassung

dann minimiert es die Faktoreinsatzmenge, indem es die Intensität so stark erhöht, dass es in der maximal vorhandenen Zeit gerade die gewünschte Ausbringungsmenge herstellen kann, es gilt also:

$$d = \frac{x}{t_{\max}}.$$

Zusammengefasst sieht die optimale Wahl der Intensität bei Minimierung der Einsatzmenge wie folgt aus:

$$d = \begin{cases} d^*, \text{ für } x \leq d^* \cdot t_{\max} \\ \frac{x}{t_{\max}}, \text{ für } x > d^* \cdot t_{\max} \end{cases} \tag{3.20}$$

Optimal ist diese Vorgehensweise, weil bei einer Erhöhung der Intensität über d^* hinaus die Einsatzmenge mit der dritten Potenz, bei einer Erhöhung der Einsatzzeit jedoch nur linear ansteigt.

3.2.4 Kostenfunktion

Ausgehend von den produktiven Eigenschaften einer Gutenberg-Produktionsfunktion werden nunmehr die Kostenverläufe bei Variation der Parameter untersucht. Die Kosten ergeben sich als Summe der mit den Faktorpreisen gewichteten Faktoreinsatzmengen. Mit

$$r_i = a_i\,(d) \cdot x$$

erhält man die Kostenfunktion

$$\begin{aligned} K &= \sum_{i=1}^{I} a_i\,(d) \cdot x \cdot q_i \\ K &= \left(\sum_{i=1}^{I} a_i\,(d) \cdot q_i \right) \cdot x. \end{aligned} \tag{3.21}$$

Es ist unmittelbar zu erkennen, dass bei konstanter Intensität keine Fixkosten vorliegen, und die Kostenfunktion einer Gutenberg-Produktionsfunktion linear verläuft.

Dividiert man die Kostenfunktion durch die Ausbringungsmenge, so erhält man die Stückkostenfunktion:

$$k(d) = \sum_{i=1}^{I} a_i\,(d) \cdot q_i.$$

Liegt ein U-förmiger Verlauf der Verbrauchsfunktionen vor, folgt daraus eine ebenfalls U-förmig verlaufende Stückkostenfunktion (vgl. Abbildung 3.12).

Da ein Unternehmen auf Änderungen der Ausbringungsmenge mit Hilfe einer Variation der Produktionszeit, -intensität oder der Anzahl der Betriebsmittel reagieren kann, soll nunmehr der Einfluss der jeweiligen Anpassungsform auf die Kostenfunktion untersucht werden.

Zeitliche Anpassung

Wie bereits gezeigt wurde, sind die Stückkosten bei einer Gutenberg-Produktionsfunktion nur von der Produktionsintensität und den Faktorpreisen abhängig. Somit hat eine Variation der Produktionszeit keinen Einfluss auf die Höhe der Stückkosten. Daraus wiederum folgt, dass die Kostenfunktion bei einer rein zeitlichen Anpassung linear verläuft:

$$K = \left(\sum_{i=1}^{I} a_i\,(d) \cdot q_i \right) \cdot x,$$

wobei die Steigung von der Produktionsintensität abhängig ist:

$$\frac{\partial K}{\partial x} = k(d) = \left(\sum_{i=1}^{I} a_i(d) \cdot q_i \right).$$

Ein typischer Verlauf ist in Abbildung 3.11 dargestellt. Die Steigung der Kostenfunktion und somit die Grenzkosten werden minimal, wenn mit der stückkostenminimalen Intensität d^* produziert wird. Gibt man die Annahme auf, dass bei zeitli-

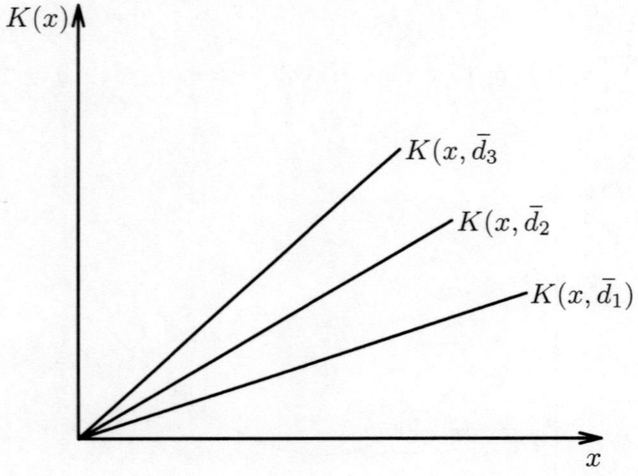

Abbildung 3.11: Kostenfunktion bei zeitlicher Anpassung

cher Anpassung die Faktorkosten konstant sind, dann erhöhen sich die Kosten für eine Einheit Arbeit ab einem bestimmten Zeitpunkt durch bspw. einen Überstundenzuschlag. Wenn ab einer bestimmten Einsatzzeit ein Überstundenzuschlag gezahlt werden muss, dann kann dies wie folgt berücksichtigt werden:

Der Faktor Arbeit sei mit r_a bezeichnet, wobei $a \in [1, ..I]$. Der Preis einer Einheit Arbeit sei q_a und der Überstundenzuschlag sei $q_a^{\ddot{U}}$. Weiterhin sei nur eine zeitliche Anpassung möglich. Daraus folgt, dass die maximale Menge, die in der Normalarbeitszeit produziert werden kann,

$$x_{\max} = \frac{r_a^{normal}}{a_a(d)}$$

beträgt. Dabei bezeichnet r_a^{normal} die maximale Menge an Arbeit, für die kein Überstundenzuschlag gezahlt werden muss. Die Kostenfunktion hat nun folgende Form (vgl. auch Steven, 1998, S. 137):

$$\begin{aligned} K &= \left(\sum_{i=1; i \neq a}^{I} a_i\,(d) \cdot q_i \right) \cdot x + a_a\,(d) \cdot q_a \cdot x_{\max} \\ &+ \quad a_a\,(d) \cdot \left(q_a + q_a^{\ddot{U}} \right) \cdot (x - x_{\max})\,, \quad x \geq x_{\max} \quad (3.22) \end{aligned}$$

$$= \left(\sum_{i=1}^{I} a_i\,(d) \cdot q_i \right) \cdot x + a_a\,(d) \cdot q_a^{\ddot{U}} \cdot (x - x_{\max})\,, \qquad x \geq x_{\max}.$$

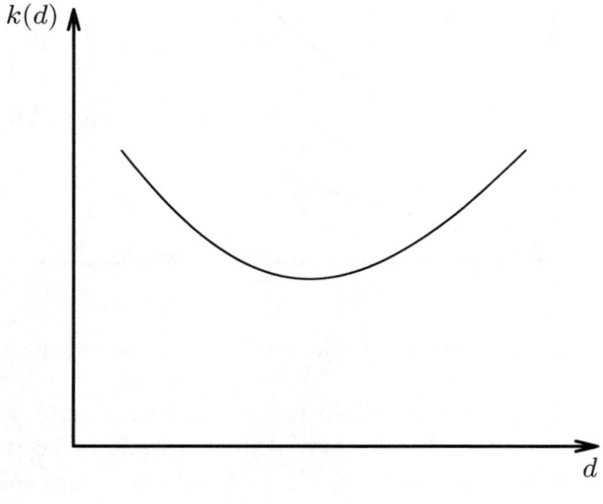

Abbildung 3.12: Stückkostenfunktion bei intensitätsmäßiger Anpassung

Kostenverlauf bei rein intensitätsmäßiger Anpassung
Wird ein U-förmiger Verlauf der Verbrauchsfunktionen unterstellt, so verläuft -wie bereits gezeigt wurde- die Stückkostenfunktion ebenfalls U-förmig. Daraus folgt ein S-förmiger Verlauf der Kostenfunktion, wenn auf Ausbringungsmengenänderungen mit einer Variation der Produktionsintensität reagiert wird.

In Abbildung 3.13 ist ein typischer Verlauf der Kostenfunktion bei Variation der Produktionsintensität für zwei verschiedene Produktionszeiten t_1 und t_2 abgebildet. Es zeigt sich, dass die genaue Lage der Kostenfunktion von der Produktionszeit abhängig ist. Während für kleine Mengen die Produktionszeit t_1 zu geringeren Kosten führt, ist es für Mengen, die größer als x_1 sind, optimal, die Produktionszeit auf t_2 zu erhöhen. Allgemein stellt sich die Frage, welche Zeit-Intensitäts-Kombination ein Unternehmen wählen soll, wenn es seine Kosten minimieren möchte. Darauf wird im nächsten Abschnitt eingegangen.

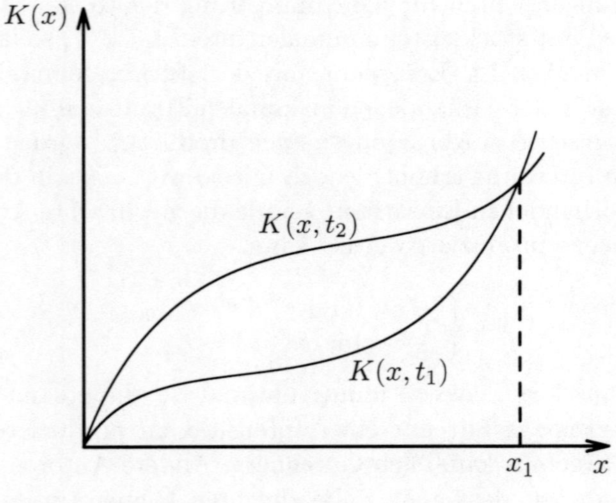

Abbildung 3.13: Kostenfunktion bei intensitätsmäßiger Anpassung

Optimale Anpassung
Normalerweise haben Unternehmen die Möglichkeit, sowohl eine zeitliche als auch eine intensitätsmäßige Anpassung zu betreiben. Teilweise können sie sich auch für eine quantitative Anpassung entscheiden. Dies setzt jedoch meist voraus, dass Maschinen stillgelegt werden bzw. anders genutzt werden können. Allen drei Anpassungsformen sind Grenzen gesetzt. Dies hat zur Folge, dass nicht immer die günstigste Anpassungsform gewählt werden kann. Welche Anpassungsform ein Unterneh-

men wählen soll, wird Gegenstand der nun folgenden Ausführungen sein.

Zuerst wird unterstellt, dass keine Restriktionen vorliegen. Anschließend soll die optimale Anpassungsform gefunden werden, wenn die einzelnen Anpassungen nicht unendlich betrieben werden können.

(1) *Zeitliche versus intensitätsmäßige Anpassung*
Bereits oben wurden Überlegungen angestellt, wie die Einsatzmenge eines Faktors minimiert werden kann, wenn sowohl die Einsatzzeit als auch die Intensität frei wählbar sind. Dieselben Überlegungen gelten für die Minimierung der Kosten. Produziert wird mit stückkostenminimaler Intensität d^{opt}, so lange es zeitlich möglich ist. Erst wenn mit der stückkostenminimalen Intensität in der vorhandenen maximalen Einsatzzeit nicht mehr die gewünschte Ausbringungsmenge produziert werden kann, wird die Intensität erhöht, jedoch nur so weit, dass in der maximal vorhandenen Einsatzzeit gerade die gewünschte Ausbringungsmenge produziert werden kann.

$$d = \begin{cases} d^{opt}, \text{ für } x \leq d^{opt} \cdot t_{\max} \\ \frac{x}{t_{\max}}, \text{ für } x > d^{opt} \cdot t_{\max} \end{cases} . \qquad (3.23)$$

Daraus folgt, dass es immer optimal ist, die gesamte Ausbringungsmenge mit nur einer Intensität zu produzieren. Zu diesem Ergebnis kam auch Gutenberg. Andere Autoren haben jedoch gezeigt, dass auch Fälle eintreten können, in denen es optimal ist, mit mehr als nur einer Intensität zu produzieren. Die Produktion mit zwei oder mehr Intensitäten wird auch Intensitätssplitting genannt. In Anlehnung an Petersen (1999) soll auf das Intensitätssplitting eingegangen werden.

Intensitätssplitting
Bei bestimmten Verläufen der Stückkostenfunktion kann es eintreten, dass es optimal ist, mit zwei verschiedenen Intensitäten zu produzieren. Als erster zeigt dies Jacob (1962). Er geht von einem Betrachtungszeitraum gegebener Länge aus, welchen er in Z Zeitabschnitte unterteilt. Nun besteht

das Problem darin, die Intensität d_z für jeden Zeitabschnitt t_z zu finden, so dass die Kosten minimiert werden. Er löst dieses Problem mit Hilfe des folgenden es:

$$L(d_z, \lambda) = \sum_{z=1}^{Z} c(d_z) \cdot t_z - \lambda \cdot \left(\sum_{z=1}^{Z} d_z \cdot t_z - \bar{x} \right)$$

Jacob kommt zu dem Ergebnis, dass im Kostenoptimum immer nur mit einer Intensität produziert wird. Glaser (1966) zeigt jedoch, dass dies nicht immer der Fall sein muss, und Jacobs Ergebnis wahrscheinlich auf der Annahme streng monoton steigender Grenzkosten basiert, die jedoch nicht allgemein erfüllt ist. Glaser zeigt, dass es für den Fall eines gegeben Zeitraums optimal sein kann, für bestimmte Zeitintervalle Intensitätssplitting mit zwei verschiedenen Intensitäten zu betreiben. Allerdings ist es mit dem Ansatz von Glaser nicht möglich die kostenminimale Lösung zu finden, da die Zeitintervalle nicht endogen bestimmt werden. Aus diesem Grund wählt Lambrecht (1978) einen erweiterten Lagrange-Ansatz, bei dem auch die Zeitintervalle endogen bestimmt werden. Der Ansatz sieht dann wie folgt aus:

$$\begin{aligned} L(d_z, t_z, \lambda, \mu) \quad = \quad & \sum_{z=1}^{Z} c(d_z) \cdot t_z - \lambda \cdot \left(\sum_{z=1}^{Z} d_z \cdot t_z - \bar{x} \right) \\ & -\mu \cdot \left(\sum_{z=1}^{Z} t_z - \bar{t} \right) \end{aligned}$$

Durch den Term $\mu \cdot \left(\sum_{z=1}^{Z} t_z - \bar{t} \right)$ berücksichtigt Lambrecht,dass die Summe der Zeitintervalle wieder den vorgegebenen Zeitraum ergeben. Auch er kommt zu dem Ergebnis, dass es optimal sein kann, Intensitätssplitting zu betreiben.

Weitere Autoren untersuchten das Intensitätssplitting mit Hilfe von anderen mathematischen Methoden und kommen zu ähnlichen Ergebnissen. U.a. wird die Variationsrechnung unter Nebenbedingungen und die lineare Program-

mierung (vgl. z.B. Dellmann und Nastansky, 1969) verwendet. Bis zu diesem Zeitpunkt wurde das Problem des Intensitätssplittings in sehr vereinfachten, realitätsfernen Situationen untersucht. Aus diesem Grund haben sich einige Autoren dem Einfluss von diversen Erweiterungen gewidmet. Sie versuchten herauszufinden, welchen Einfluss verschiedene entscheidungsrelevante Kostenarten wie Kosten der Intensitätsumstellung oder Kosten für Lagerbestände haben, die aufgrund der uneinheitlichen Produktionsgeschwindigkeit entstehen (vgl. z.B. Karrenberg und Scheer, 1970). Liegen nur Kosten der Intensitätsumstellung vor, so ist es offensichtlich, dass sich der Vorteil des Intensitätssplittings verringert. Lagerkosten entstehen, wenn die Produktionsgeschwindigkeit größer als die Absatzgeschwindigkeit ist. Die Menge, die mehr produziert als abgesetzt wird, muss gelagert werden, was u.a. zu Lagerraum- und Kapitalbindungskosten führt. Pack (1993) untersucht nun, wie oft die Intensität gewechselt werden soll, wenn konstante Umstellungskosten und quadratische Lagerhaltungskosten vorliegen. Das Problem ist einfach mit Hilfe der Differentialrechnung zu lösen. Komplizierter wird die Problemlösung, wenn die Umstellungskosten von der Höhe der Intensität abhängen, und auch Fehlermengenkosten beachtet werden. Doch wollen wir hierauf nicht näher eingehen.

Bis jetzt wurde immer untersucht, ob Intensitätssplitting vorteilhaft ist, wenn dies die einzig mögliche Anpassungsform ist. Es wurde also unterstellt, dass sowohl die Produktionszeit als auch die Anzahl der Maschinen konstant sind. Sind mehrere Anpassungsformen möglich, so wird das Problem komplizierter. Sind z.B. sowohl intensitätsmäß ige als auch zeitliche Anpassungen möglich, so kann die Lösung nicht mehr mit Hilfe des Lagrange Ansatzes, sondern nur mit Hilfe des Kuhn-Tucker-Theorems berechnet werden, und zwar mit dem Ergebnis, dass, solange $\frac{\bar{x}}{t} \leq d^{opt}$ *gilt, die gewünschte Menge mit der optimalen Intensität* d^{opt} *produziert und nur zeitlich angepasst wird. Soll mehr als* $x = d^{opt} \cdot \bar{t}$ *produziert werden, so wird rein* *intensitätsmäßige Anpassung betrieben, was auch wieder Intensitätssplitting bedeuten kann. Wiederum kann das Problem insofern differenziert werden, als man Stillstand- und Leerlaufkosten berücksichtigt. Für letzteren Fall wird man mit einer Intensität* $d_L^* < d^{opt}$ *produzieren, um so die Leerlaufzeit und die damit verbundenen Kosten zu verringern.*

Ist zusätzlich auch noch eine quantitative Anpassung möglich, kann man die optimale Anpassungsstrategie mit Hilfe der dynamischen Programmierung berechnen.

In Situationen, in denen zwischen zeitlicher und intensitätsmäßiger Anpassung gewählt werden kann, wird immer zuerst die zeitliche Anpassung bei kostenminimaler Intensität betrieben. Erst wenn die verfügbare Zeit voll ausgeschöpft ist, wird die Intensität angepasst. Dabei wurde jedoch immer unterstellt, dass die Faktorkosten nicht von der Einsatzzeit abhängen. Bereits oben wurde der Fall betrachtet, in dem die Kosten des Faktors Arbeit ab einem bestimmten Zeitpunkt durch einen Überstundenzuschlag ansteigen. Tritt dieser Fall ein, so kann es vorteilhaft sein, bereits zu einem früheren Zeitpunkt intensitätsmäßige Anpassung zu betreiben, und zwar immer dann, wenn nach Ausnutzung der Normalarbeitszeit die Grenzkosten bei zeitlicher Anpassung die Grenzkosten bei intensitätsmäßiger Anpassung übersteigen. Welche Anpassungsform man für eine Ausbringungsmenge wählen sollte, die nicht mehr mit d^{opt} in der Normalarbeitszeit hergestellt werden kann, muss im konkreten Fall durch einen Kostenvergleich ermittelt werden.

(2) *Zeitliche und intensitätsmäßige Anpassung versus quantitative Anpassung*

Ein Unternehmen kann neben der Produktionszeit und -geschwindigkeit auch die Anzahl der eingesetzten Maschinen variieren. Der Einsatz einer zusätzlichen Maschine ist mit zusätzlichen Fixkosten verbunden, die aus Anlaufkosten, Wartungskosten etc. bestehen. Bei der quantitativen Anpassung entstehen also sprungfixe Kosten. Diese Kosten können nicht abgebaut werden, wenn die Anzahl der Maschinen wieder vermindert wird. Aus diesem Grund spricht man auch von *Kostenremanenz.*

Zur Ermittlung der kostenminimalen Anpassungsform, muss ein Kostenvergleich für jede Anpassungsform erstellt werden. Der Anpassungsprozess sieht wie folgt aus:

Zu Beginn produziert man mit der kostenminimalen Intensität d^{opt}, bis die maximal verfügbare Zeit $t_{\max}$ ausgeschöpft ist. Danach betreibt man solange eine intensitätsmäßige Anpassung, bis die Kosten bei rein intensitätsmäßiger Anpassung denjenigen Kosten bei quantitativer Anpassung und optimaler Intensität d^{opt} entsprechen. Daraufhin erhöht man die Anzahl der Maschinen und produziert wieder mit der optimalen Intensität, bis die zur Verfügung stehende Zeit ausgeschöpft ist.

Durch die Berücksichtigung weiterer Kostenarten, wie Lagerkosten, Fehlmengenkosten usw., kann die Anlayse weiter verfeinert werden. Darauf soll hier nicht näher eingegangen werden.

3.2.5 Schätzung einer Gutenberg-Produktionsfunktion in der Papierindustrie

Pressmar (1971) hat für verschiedene Industrien Produktionsfunktionen geschätzt. Aus dieser Arbeit wird im folgenden die Schätzung einer Gutenberg-Produktionsfunktion für die Papierindustrie vorgestellt. Der Papierherstellungsprozess in den sechziger Jahren bestand aus drei Produktionsschritten. Im ersten Schritt wurde in einem chemisch-physikalischen Verfahren aus Zellulose ein Papierbrei hergestellt. Aus diesem wurde im zweiten Schritt mit Hilfe einer Papiermaschine eine kontinuierliche Papierbahn produziert, die im dritten Schritt zu Fertigprodukten (z.B. Blätter A4) weiterverarbeitet wurde. Pressmar wählte für seine Schätzung das Aggregat bzw. das Betriebsmittel: Papiermaschine. Die benötigten Einsatzfaktoren für die Herstellung von Papier sind der beschriebene Papierbrei, Hilfs- und Betriebsstoffe, Dampf, chemisch aufbereitetes Wasser, Arbeit und elektrische Energie zum Antrieb der Maschine.
Die z-Situation des Aggregats kann durch die Maschinendaten wie die installierte elektrische Leistung oder die maximale Produktionsgeschwindigkeit sowie die Papierbreite beschrieben

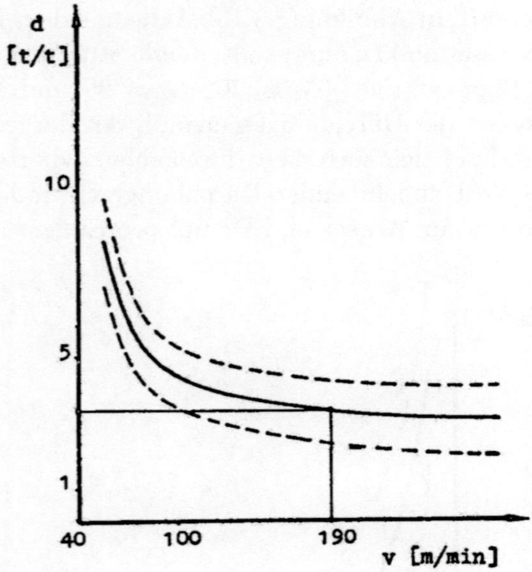

Abbildung 3.14: Verbrauchsfunktion für den Faktor Dampf

werden. Pressmar unterstellte für seine Analyse, dass die z-Situation konstant ist. Er untersuchte nun, welchen Einfluss die Produktionsgeschwindigkeit auf den Verbrauch an Dampf d hat, der zur Heizung der Trockenpartie benötigt wird, sowie auf den Verbrauch an Wasser w, das im Nassbereich eingesetzt wird. Die Produktionsgeschwindigkeit kann als Durchlaufgeschwindigkeit der Papierbahn v $[\frac{m}{\text{min}}]$ gemessen werden. Sie sagt aus, wie viele Meter des Papierbands pro Minute produziert werden. Da keine empirischen Daten über die Durchlaufgeschwindigkeit vorhanden waren, ermittelte Pressmar diese aus dem hergestellten Gewicht an Papier pro Stunde.

In den Abbildungen 3.14 und 3.15 sind die geschätzten Verbrauchsfunktionen in Abhängigkeit der Durchlaufgeschwindigkeit v für die Faktoren Wasser w und Dampf d dargestellt. Die gestrichelten Linien stellen dabei das 95% Konfidenzintervall dar. In beiden Fällen liegt ein hyperbelförmigen Verlauf vor. Mit zunehmender Produktionsgeschwindigkeit nimmt der Faktorverbrauch ab. In Abbildung 3.16 ist die aus dem Faktorverbrauch an Wasser und Dampf resultierende Stückkostenfunktion k für drei Papierstärken ($G = 70$, $G = 90$ und $G = 120$) in Abhängigkeit der Durchlaufgeschwindigkeit dargestellt. Wie erwartet, zeichnet sich auch diese durch einen hyperbelförmiger Verlauf aus. Mit zunehmender Durchlaufgeschwindigkeit nehmen die Kosten für Wasser und Dampf pro Einheit ab.

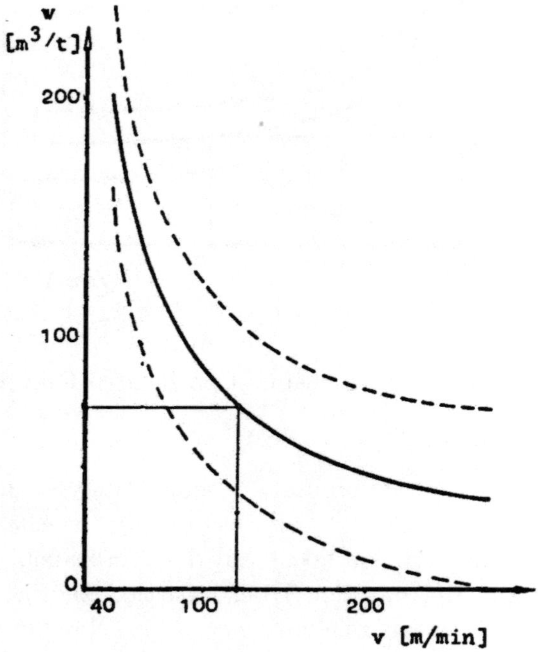

Abbildung 3.15: Verbrauchsfunktion für den Faktor Wasser

Das Beispiel aus der Papierindustrie zeigt eindrücklich die Relevanz der Gutenberg-Produktionsfunktion. Leider liegen nur sehr wenige empirische Schätzungen einer Gutenberg-Produktionsfunktion vor, was vermutlich auf die Schwierigkeit einer solchen Schätzung zurückzuführen ist.

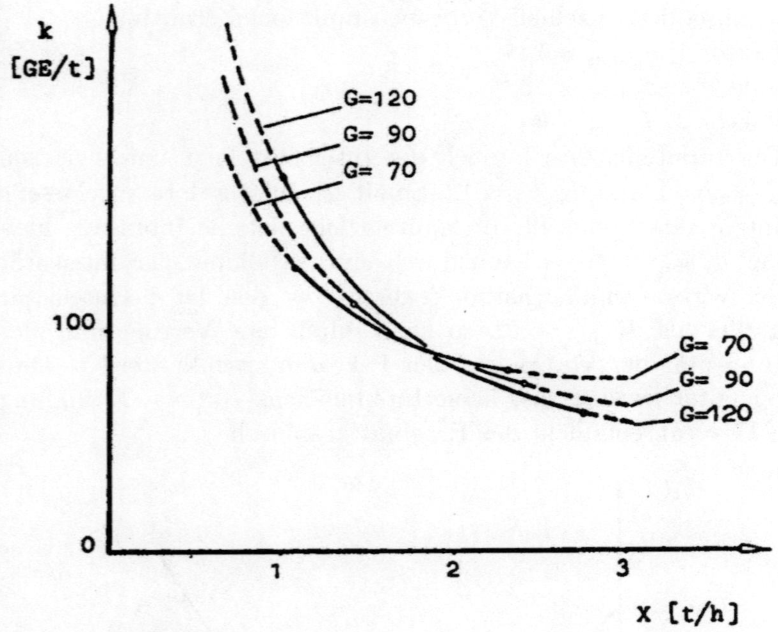

Abbildung 3.16: Stückkostenfunktion in Abhängigkeit der Produktionsintensität für verschiedene Papierstärken

3.2.6 Beispiele und Aufgaben

Beispiel

Für die Herstellung eines Produkts setzt ein Unternehmen eine Maschine ein. Es benötigt drei Faktoren, deren Verbrauchsfunktionen wie folgt aussehen.

$$\begin{aligned} a_1(d) &= 1,5 \cdot d^2 - 3 \cdot d + 2 \\ a_2(d) &= d^2 - 24 \cdot d + 250 \\ a_3(d) &= 2 \cdot d^2 - 24 \cdot d + 75 \end{aligned}$$

Die Intensität kann zwischen $d_{\min} = 2$ und $d_{\max} = 10$ kontinuierlich variiert werden. Als erstes soll der inputeffiziente Bereich ermittelt werden. Ein Bereich ist inputeffizient, wenn sich durch eine Variation der Intensität nicht der Verbrauch aller Einsatz-

faktoren verringert. Um diesen Bereich zu finden, muss man die Minima der einzelnen Verbrauchsfunktionen ermitteln.
Faktor 1: $d_{1,\min} = 1$
Faktor 2: $d_{2,\min} = 12$
Faktor 3: $d_{3,\min} = 6$
Der inputeffiziente Bereich der Intensität liegt nun zwischen $d_{1,\min} = 1$ und $d_{3,\min} = 12$. Somit ist der gesamte zugelassene Intensitätsbereich $[2, 10]$ inputeffizient. Ist die Intensität kleiner $d_{1,\min} = 1$, so kann durch eine Erhöhung der Intensität der Verbrauch aller Faktoren gesenkt werden. Ist die Intensität größer als $d_{3,\min} = 12$, so kann durch eine Verringerung der Intensität der Verbrauch aller Faktoren gesenkt werden. Dies bedeutet jeweils, dass keine Inputeffizienz vorliegt. Abbildung 3.17 veranschaulicht das Ergebnis graphisch.

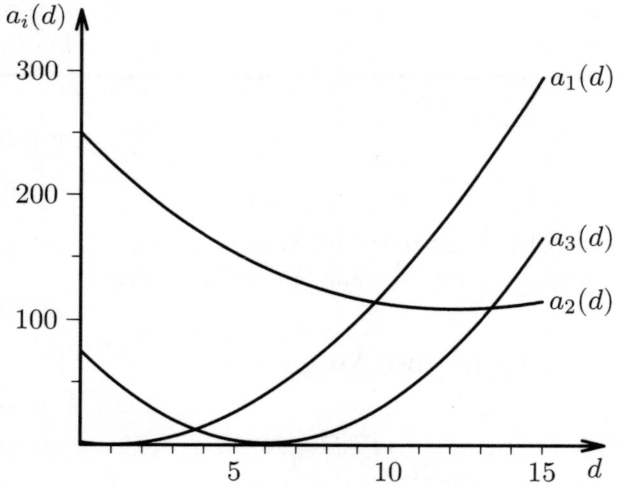

Abbildung 3.17: Verbrauchsfunktionen

Die Preise der Einsatzfaktoren sind $q_1 = 2$, $q_2 = 5$, $q_3 = 1$. Die Stückkostenfunktion sieht dann wie folgt aus:

$$\begin{aligned} k(d) &= 2 \cdot \left(1,5 \cdot d^2 - 3 \cdot d + 2\right) + 5 \cdot \left(d^2 - 24 \cdot d + 250\right) \\ &\quad +1 \cdot \left(2 \cdot d^2 - 24 \cdot d + 75\right) \\ &= 10 \cdot d^2 - 150 \cdot d + 1329. \end{aligned}$$

Die kostenminimale Intensität berechnet man, indem das Minimum der Stückkostenfunktion ermittelt wird:

$$\begin{aligned}\frac{\partial k}{\partial d} &= 20d - 150 = 0\\ d^* &= 7,5.\end{aligned}$$

Produziert man mit der Intensität d^*, so sind die Stückkosten minimal. Sie betragen $k(d^*) = 766,5$. Liegen keine zeitlichen Restriktionen vor, so wird das Unternehmen immer mit d^* produzieren. Die Kostenfunktion hat dann folgende Form:

$$K(x) = 766,5 \cdot x$$

Erst wenn die gewünschte Menge nicht mehr in der vorhandenen Zeit produziert werden kann, erhöht das Unternehmen die Intensität. Sollen z.B. $x = 80$ Einheiten in $t = 10$ produziert werden, so muss die Intensität erhöht werden. Die Stückkosten erhöhen sich und betragen nun $k(8) = 796$.

Aufgaben

1. Für die Herstellung eines Produkts setzt ein Unternehmen eine Maschine ein. Für die drei benötigten Verbrauchsfaktoren gelten folgende Verbrauchsfunktionen:

$$\begin{aligned}a_1(d) &= 1,5 \cdot d^2 - 3 \cdot d + 2\\ a_2(d) &= d^2 - 24 \cdot d + 250\\ &\quad \text{(Faktoreneinheiten / Produkteinheit)}\\ a_3(d) &= 2 \cdot d^2 - 24 \cdot d + 75\end{aligned}$$

Die Intensität der Maschine kann zwischen $d_{\min} = 2$ PE/ZE (Produkteinheiten / Zeiteinheit) und $d_{\max} = 10$ PE/ZE kontinuierlich variiert werden.

a) Bestimmen Sie den Intensitätsbereich der inputeffizienten Produktionen.

b) Die Faktorpreise sind

$$\begin{aligned}q_1 &= 10\, GE/FE\\ q_2 &= 12\, GE/FE \quad (Geldeinheiten/FE)\\ q_3 &= 10\, GE/FE\end{aligned}$$

Bestimmen Sie die Stückkostenfunktion in Abhängigkeit der Intensität.

c) Ermitteln Sie die kostenminimale Intensität. Wie hoch sind die minimalen Stückkosten?
d) Das Unternehmen möchte 10 Einheiten des Produkts kostenminimal herstellen. Es gibt keine zeitlichen Restriktionen. Bestimmen Sie die Gesamtkosten, die benötigten Einsatzmengen der Faktoren und die Produktionszeit.
e) Dem Unternehmen steht nur eine Zeiteinheit zur Verfügung. Mit welcher Intensität muß es nun produzieren, wenn es weiterhin 10 Einheiten des Produkts herstellen will? Wie verändern sich Stückkosten, Gesamtkosten und Faktoreinsatzmengen?

2. Ein Unternehmen stellt auf einer Maschine ein Produkt her. Dazu muß es zwei Verbrauchsfaktoren einsetzen, deren Verbrauch von der Produktionsintensität abhängig ist.

$$\begin{aligned} a_1 &= 90 - 0,6 \cdot d + 0,1 \cdot d^2 \\ a_2 &= 50 - 0,4 \cdot d + 0,02 \cdot d^2 \end{aligned}$$

Die Intensität der Maschine kann zwischen $d_{min}=2$ und $d_{max}=4$ kontinuierlich variiert werden. Die Preise der Produktionsfaktoren betragen:

$$\begin{aligned} q_1 &= 0,15 \\ q_2 &= 0,09 \end{aligned}$$

a) Berechnen Sie die kostenminimale Intensität.
b) Wie soll das Unternehmen auf eine steigende Ausbringungsmenge reagieren, wenn es weder zeitlich noch intensitätsmäßig ausgelastet ist?
c) Stellen Sie die Kostenfunktion für den Fall auf, dass das Unternehmen immer kostenminimale Anpassung betreibt.
d) Wie hoch sind die Kosten, wenn das Unternehmen 40 Einheiten produzieren möchte, aber nur 10 Zeiteinheiten zur Verfügung stehen? Welche Anpassungsform muß es nun wählen?

3. Zur Herstellung eines Produkts müssen auf einer Maschine drei Verbrauchsfaktoren eingesetzt werden. Die Verbrauchs-

funktionen haben folgende Form

$$\begin{aligned} a_1(d) &= 0,1 \cdot d^2 - 4 \cdot d + 90 \\ a_2(d) &= 0,1 \cdot d^2 - 4 \cdot d + 45 \\ a_3(d) &= \frac{100}{d}. \end{aligned}$$

a) Ermitteln Sie den Intensitätsbereich der inputeffizienten Produktionen.
b) Die Faktorkosten betragen $q_1 = 10$, $q_2 = 5$ und $q_3 = 0$. Ermitteln Sie die Stückkostenfunktion in Abhängigkeit von der Intensität.
c) Ermitteln Sie die kostenminimale Intensität, und stellen Sie die dazu gehörende Kostenfunktion auf.
d) Stellen Sie die Faktorverbrauchsfunktionen auf, wenn mit der kostenminimalen Intensität produziert wird.

4. Für die Herstellung eines Produktes werden drei Produktionsfaktoren benötigt, für die folgende Verbrauchsfunktionen gelten:

$$\begin{aligned} a_1(d) &= d^2 - 60 \cdot d + 1225 \\ a_2(d) &= 2 \cdot d^2 - 91 \cdot d + 800 \\ a_3(d) &= 3 \cdot d^2 - 120 \cdot d + 1000 \end{aligned}$$

Die Intensität der Maschine kann zwischen einer Mindestintensität 5 PE/ZE (Produktionseinheiten/Zeiteinheit) und einer Höchstintensität 30 PE/ZE kontinuierlich variiert werden. Die Preise der Produktionsfaktoren sind $q_1 = 20$, $q_2 = 10$ und $q_3 = 15$.
a) Ermitteln Sie den effizienten Bereich der Intensität.
b) Berechnen Sie die stückkostenminimale Intensität. Wie hoch sind die minimalen Stückkosten?
c) Das Unternehmen möchte 1.000 Einheiten herstellen. Allerdings stehen ihm dafür nur maximal 40 Zeiteinheiten zur Verfügung. Nun ist zu überlegen, die 1.000 Einheiten ausschließlich nur auf der vorhandenen Maschine zu produzieren oder eine zusätzliche, identische Maschine für den Betrachtungszeitraum anzumieten. Die Miete würde 100.000 betragen, und es

könnten maximal 500 Einheiten produziert werden. Was soll das Unternehmen tun, die 1.000 Einheiten kostenminimal zu produzieren? Wie hoch sind die entsprechenden Kosten?

Kapitel 4

Weitere statisch-deterministische Ein-Produkt-Produktionsfunktionen

In der Literatur werden zahlreiche weitere Ein-Produkt-Produktionsfunktionen diskutiert. In diesem Kapitel soll kurz auf einige vielbeachtete unter ihnen eingegangen werden. Für interessierte Leser sei auf die weiterführende Literatur verwiesen (vgl. Fandel, 1996, S. 81 ff).

4.1 CES-Produktionsfunktion

Die CES-Produktionsfunktion wurde 1961 von Arrow et al. entwickelt. Sie ist eine neoklassische, substitutionale Produktionsfunktion. In allgemeiner Form wird sie folgendermaßen dargestellt:

$$\begin{aligned} x &= \left(c_1 r_1^{-\alpha} + ... + c_I r_I^{-\alpha}\right)^{-\frac{1}{\alpha}} \qquad (4.1) \\ \text{mit } c_i &> 0, \text{ für } i = 1, ..., I \\ \alpha &> -1, \quad \alpha \neq 0. \end{aligned}$$

Zur graphischen Darstellung werden zwei Fälle unterschieden:
Fall 1: $-1 < \alpha < 0$
Fall 2: $\alpha > 0$
Angenommen $r_1, \ldots, r_{i-1}, r_{i+1}, \ldots, r_I = konstant$, dann hat die Produktionsfunktion die Form $x = (c + c_i r_i^{-\alpha})^{-\frac{1}{\alpha}}$, mit $c = \sum_{j=1}^{I} r_j, j \neq i$, und der Verlauf für die Fälle 1 und 2 ist in den Abbildungen 4.1 und 4.2 wiedergegeben.

CES steht dabei für **C**onstant **E**lasticity of **S**ubstitution. Dies bedeutet, dass entlang einer Isoquante die Substitutionselastizität konstant ist. Sie beträgt zwischen zwei Faktoren immer $\sigma_{ij} = \frac{1}{1+\alpha}$. Die Substitutionselastizität drückt aus, um wieviel sich das Faktoreinsatzverhältnis prozentual verändert,

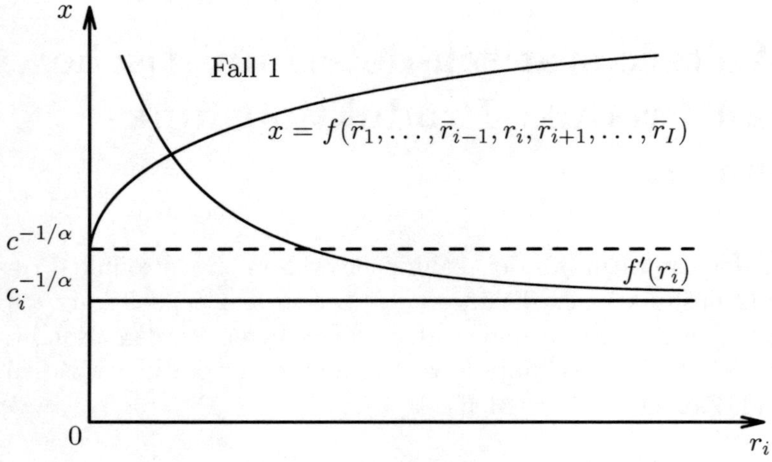

Abbildung 4.1: CES-Produktionsfunktion bei partieller Faktorvariation - Fall 1

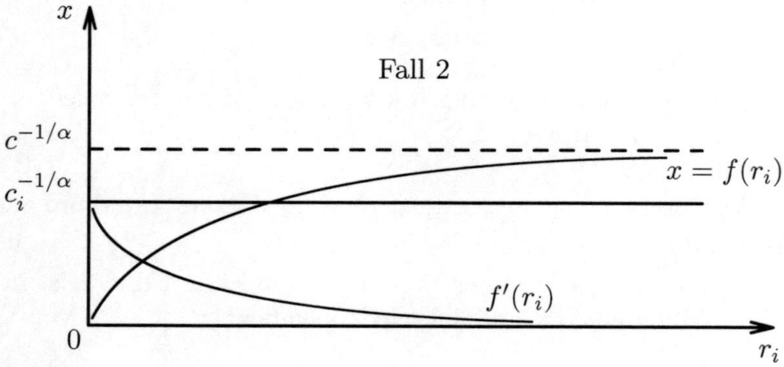

Abbildung 4.2: CES-Produktionsfunktion bei partieller Faktorvariation - Fall 2

wenn sich die Grenzrate der Substitution um einen bestimmten Prozentsatz verändert. Formal geschrieben

$$\sigma_{ij} = \frac{\frac{d\left(\frac{r_i}{r_j}\right)}{\frac{r_i}{r_j}}}{\frac{d\left(\frac{dr_i}{dr_j}\right)}{\frac{dr_i}{dr_j}}} = \frac{d\left(\frac{r_i}{r_j}\right)}{d\left(\frac{dr_i}{dr_j}\right)} \cdot \frac{\frac{dr_i}{dr_j}}{\frac{r_i}{r_j}}. \tag{4.2}$$

Sie ist ein Maß für die Krümmung einer Isoquante. Je kleiner ihr Wert, desto stärker ist die Isoquante gekrümmt. Für linear-limitationale Produktionsfunktionen ist $\sigma_{ij} = 0$, da es nur ein effizientes Faktoreinsatzverhältnis gibt.

Für α gegen unendlich geht die CES-Funktion in eine linear-limitationale Produktionsfunktion, für α gegen Null in eine Cobb-Douglas-Produktionsfunkion über.

4.2 Heinen-Produktionsfunktion

Diese Produktionsfunktion wurde 1965 von Edmund Heinen (Heinen, 1965) entwickelt. Sie zeichnet sich, ähnlich wie die Gutenberg-Produktionsfunktion, durch eine stärkere Detaillierung und ihre betriebswirtschaftliche Ausrichtung aus. Während die Gutenberg-Produktionsfunktion rein limitational ist, kann eine Heinen-Produktionsfunktion auch substitutional sein. Insofern ist der Ansatz von Heinen allgemeiner als der von Gutenberg. Um den Produktionsprozess möglichst genau abzubilden, unterteilt Heinen ihn in Elementarkombinationen, die dadurch gekennzeichnet sind, dass ein eindeutiger Zusammenhang zwischen der technisch-physikalischen und der ökonomischen Leistung besteht. Denn während Gutenberg von einem proportionalen Verhältnis zwischen technisch-physikalischer und ökonomischer Leistung ausgeht, erkennt Heinen, dass der Zusammenhang in verschiedenen Phasen, wie Anlauf-, Bearbeitungs-, Leer- oder Bremsphase, variiert. Indem man hinreichend kleine Elementarkombinationen wählt, erreicht man wieder einen eindeutigen Zusammenhang. Im folgenden Abschnitt sollen kurz einige Aspekte der Heinen-Produktionsfunktion erläutert werden.

Wie bereits erwähnt, müssen bei einer Heinen-Produktionsfunktion die Elementarkombinationen gewählt werden. Wie man eine Elementarkombination bestimmt, hängt wesentlich vom Erkenntnisinteresse ab. Je kleiner die Elementarkombination, desto genauer ist die Produktions- und somit auch die Kostenfunktion. Hat man den Faktorverbrauch einer Elementarkombination bestimmt, so kann man den zu einer bestimmten Ausbringungsmenge gehörenden Faktorverbrauch mit Hilfe der Wiederholungsfunktion ermitteln. Sie stellt dar, wie oft eine Elementarkombination wiederholt werden muss, um einen bestimmten Output zu erzielen. Nach Heinen gibt es drei Arten von Elementarkombinationen. Bei primären Elementarkombinationen hängt die Anzahl der Wiederholungen direkt von der Ausbringungsmenge ab. Bei sekundären Elementarkombinationen hängt die Anzahl der Wiederholungen nur mittelbar von der Ausbringungsmenge ab. Zum Beispiel sind Anlauf- oder Umrüstvorgänge nicht direkt von der produzierten Menge, sondern von der Anzahl der Lose bzw. der Art der produzierten Produkte abhängig. Die Anzahl der Wiederholungen von tertiären Elementarkombinationen ist nicht eindeutig von der Produktionsmenge abhängig. Zu ihnen zählen z. B. Wartungs-, Reinigungs- und Reparaturvorgänge.

Beim Faktorverbrauch unterscheidet Heinen zwischen Repetierfaktoren und Potentialfaktoren. Während Repetierfaktoren direkt oder indirekt im Produktionsprozess verbraucht werden, werden die Potentialfaktoren über einen längeren Zeitraum verzehrt.

Bei den Repetierfaktoren sind die Hilfs- und Werkstoffe direkt von der hergestellten Menge abhängig, der Verbrauch der Betriebsstoffe hingegen nur indirekt. Beeinflusst wird er von drei Gruppen von Einflussgrößen. Eine dieser Einflußgrößen ist die sog. *z-Situation*, die die technischen Eigenschaften eines Aggregats beschreibt, die längerfristig konstant sind. Eine weitere Einflußgröße ist die sog. *u-Situation*, die technische Eigenschaften beschreibt, die von der Zeit abhängen, z. B. die aktuelle Einstellung einer Maschine. Die letzte Einflußgröße für den Faktorverbrauch ist die sog. *l-Situation*, die die technischen Daten beschreibt, die sich laufend ändern, wie z.B. Druck-, Temperaturverhältnisse oder die dem Aggregat abverlangte technische Leistung. Die wichtigste Einflussgröße ist wie bei Gutenberg die *Intensität*. Jedoch wird nicht unterstellt, dass sie wie bei Gutenberg konstant ist, sondern dass sie im Zeitablauf variiert. Wichtig zur Bestimmung ist nun die Momentanleistung, die in einem bestimmten Zeitpunkt abgegeben wird. Kann man die technische Leistung, die über einen Zeitraum abgegeben wird, bestimmen, so kann man über die technische Verbrauchsfunktion auch die ökonomische Verbrauchsfunktion bestimmen, die den Zusammenhang zwischen der Ausbringungsmenge pro Zeiteinheit und den dafür eingesetzten Faktormengen beschreibt.

Der Verbrauch der Potentialfaktoren ist direkt kaum messbar. Aus diesem Grund bedient sich Heinen Ersatzgrößen, mit deren Hilfe der Verbrauch gemessen werden soll. Bei den Betriebsmitteln versucht man, die Totalkapazität ex ante zu bestimmen und kann dadurch einer Elementarkombination einen bestimmten Verbrauch zuordnen. Allerdings ist die Bestimmung der Totalkapazität ex ante kaum möglich und ist durch Wartung und Reparatur fast beliebig variierbar. Bei den Arbeitskräften ist die Bestimmung des Verbrauch noch problematischer. Als Ersatzgröße wird hier der Arbeitslohn, je nach Lohnart abhängig von der Zeit oder Leistung verwendet.

Hat man den Verbrauch einer Elementarkombination bestimmt, so kann man den Faktorverbrauch bei Produktion einer bestimmten Ausbringungsmenge nun mit Hilfe der Wiederholungsfunktion bestimmen. Bei primären Elementarkombinationen gestaltet sich dies sehr einfach. Man muss nur den Verbrauch pro Elementarkombination mit der Anzahl der benötigten Elementarkombinationen multiplizieren. Da die Anzahl der sekundären Elementarkombinationen nicht direkt von der Ausbringungsmenge abhängt, ist diese Vorgehensweise nicht möglich. Vielmehr unterstellt man, dass ein fester Zusammenhang zwischen den primären und sekundären Elementarkombinationen besteht. So ist jeweils nach einer bestimmten Anzahl an primären Elementarkombinationen ein Beschaffungsvorgang notwendig. Da zwischen tertiären Elementarkombinationen und der Ausbringungsmenge kein Zusammenhang besteht, beschränkt sich die Wiederholungsfunktion hierbei auf die Darstellung der Anzahl der benötigten Elementarkombinationen und somit auf den Faktorverbrauch in Abhängigkeit von der Zeit.

Man sieht, dass durch die Heinen-Produktionsfunktion der Produktionsprozess sehr detailliert abgebildet wird. Durch die Berücksichtigung der zeitlichen Variation der Intensität stellt sie bereits einen Schritt in Richtung dynamische Produktionsfunktion dar. In der Realität wird vor allem die Quantifizierung der einzelnen Einflussgrößen Probleme bereiten. Zudem ist es fraglich, ob der Aufwand, der betrieben werden muss, ökonomisch gerechtfertigt werden kann.

4.3 Engineering Production Functions

Wie auch bei der Gutenberg-Produktionsfunktion werden bei der Engineering Production Function die technischen Produktionsbedingungen explizit berücksichtigt. Die bei der Produktion beteiligten Güter werden nicht nur quantitativ, sondern auch durch ihre technischen Eigenschaften charakterisiert. Man unterscheidet bei den Gütern zwischen Verbrauchs- und Gebrauchsfaktoren sowie Produkten. Der Zusammenhang zwischen dem Verbrauch der Einsatzfaktoren, den technischen Eigenschaften und der Ausbringungsmenge wird durch eine oder mehrere Transformationsfunktionen beschrieben. Auch wird berücksichtigt, dass Energie verbraucht wird. Zum einen wird Energie benötigt, um eine gewünschte Produktmenge zu produzieren, zum anderen um sie den Gebrauchsfaktoren zuführen zu können. Letztere sind dabei zum einen von der für die Produktionsmenge benötigten Energie und zum anderen von den technischen Eigenschaften der Gebrauchsfaktoren abhängig. Die Engineering Production Function beschreibt nun den Zusammenhang zwischen Ausbringungsmenge, Eigenschaften der eingesetzten Faktoren und der Energie. Die Faktorverbräuche der einzelnen Einsatzfaktoren sind von den technischen Eigenschaften der Einsatzfaktoren und denen des Produkts abhängig.

Des weiteren wird mit der Engineering Production Funktion meist nur ein Partialprozess eines umfassenderen Prozesses beschrieben. Dadurch und durch die Berücksichtigung der technischen Eigenschaften wird ein sehr hoher Detaillierungsgrad erreicht.

Anwendungsbeispiele für die Engineering Production Function findet man sowohl für einzelne Aggregate als auch für gesamte Industriezweige. Bei einzelnen Aggregaten sind u.a. der Transport elektrischer Energie, die Elektrolyse, physikalische Grundprozesse wie Destillation oder Filterung und Massentransporte wie Fließ- oder Pumpvorgänge zu erwähnen. Anwendungsbeispiele für Industriezweige sind u.a. für den Bergbau, die chemische Industrie oder die Transportwirtschaft entwickelt worden.

Kapitel 5

Stochastische und dynamische Erweiterungen von Produktionsfunktionen

In den bisher betrachteten Produktionsfunktionen wurden zeitliche Aspekte nicht explizit berücksichtigt. Zudem wurde unterstellt, dass alle produktiven Zusammenhänge deterministisch sind. Es ist offensichtlich, dass dies nicht der Realität entspricht. Aus diesem Grund haben verschiedene Autoren Produktionsfunktionen entwickelt, die zeitliche und stochastische Aspekte berücksichtigen. Somit wurden statisch-deterministische Produktionsfunktionen um dynamische und stochastische Einflüsse erweitert. In diesem Kapitel soll erläutert werden, wie dynamische und stochastische Aspekte in der Produktionstheorie berücksichtigt werden.

5.1 Dynamische Aspekte

In den oben beschriebenen Produktionsfunktionen wurde die Zeit zumeist nicht beachtet. Dies bedeutet nicht, dass die Urheber dieser Produktionsfunktionen den zeitlichen Aspekt negieren. Vielmehr abstrahieren sie von ihm. Andere Autoren wie Gutenberg oder Heinen berücksichtigen allerdings bereits einzelne zeitliche Aspekte. So zeigt z.B. Gutenberg, welchen Einfluss die Produktionsdauer auf die Wahl der Intensität und die Anzahl der Maschinen hat. Bei den anderen Autoren wird meistens unterstellt, dass die Zeit als Einsatzfaktor verstanden wird, der oft nur begrenzt vorhanden ist.

Berücksichtigt man zeitliche Aspekte, so ist es sinnvoll, eine Unterscheidung zwischen lang- und kurzfristigen Aspekten zu machen, da sie unterschiedliche Auswirkungen haben. Während kurzfristig die Produktionsbedingungen konstant sind, können sie sich langfristig aufgrund von technologischem Fortschritt und Lerneffekten verändern. In den nächsten beiden Abschnitten soll erläutert werden, welche lang- und kurzfristigen zeitlichen Aspekte es gibt, und wie diese in der Produktionstheorie berücksichtigt werden.

5.1.1 Kurzfristige zeitliche Aspekte

In diesem Zusammenhang werden u.a. folgende Aspekte berücksichtigt:

- Aufgrund von Kapazitätsbeschränkungen muss die Produktion zeitlich verteilt werden.
- Die Losgröße und die Art der Weitergabe (offene versus geschlossene Weitergabe) müssen berücksichtigt werden.
- Es muss beachtet werden, dass auf Produktionsstufen die Produktion unterschiedlich beginnt.
- Die Verweilzeit der Güter auf den einzelnen Produktionsstufen berücksichtigt werden.
- Bei Reihenproduktion muss die Reihenfolge der zu bearbeitenden Aufträge festgelegt werden.
- Die zeitliche Entwicklung der Lagerbestände muss miteinbezogen werden. Dies kann mit Hilfe der folgenden Lagerbilanzgleichung geschehen:

$$y_t = y_{t-1} + x_t - d_t. \tag{5.1}$$

Die Gleichung besagt, dass der Lagerbestand y_t sich aus dem Lagerbestand der Vorperiode y_{t-1} zuzüglich der in t produzierten Menge x_t und abzüglich des Lagerabgangs in d_t ergibt.

Produktionsfunktionen, die diese zeitlichen Apekte berücksichtigen, wurden unter anderem von Küpper und Matthes entwickelt. Diese beiden dynamischen Produktionsfunktionen sollen kurz beschrieben werden.

Dynamische Produktionsfunktion von Küpper

Die dynamische Produktionsfunktion von Küpper (1979) basiert auf einer Leontief-Produktionsfunktion. Im Unterschied zu Leontieff charakterisiert Küpper Faktoren nicht nur nach Menge und nach Art, sondern auch nach dem Zeitpunkt. Küpper unterteilt dafür den Betrachtungszeitraum in diskrete Zeitintervalle $t = 1, ..., T$. Jede Faktormenge wird nun eindeutig einem Zeitintervall zugeordnet. Wie man die Dauer einer Teilperiode wählt, hängt von dem konkreten Produktionsprozess ab, den man beschreiben möchte. Man spricht auch von einem Produktionsmengenmodell. Die Grundgleichung hat folgende Form:

$$\begin{aligned} r_1^t &= r_{11}^t + ... + r_{1n}^t + x_1^t + l_1^t - l_1^{t-1} \\ &\;\;. \\ &\;\;. \\ &\;\;. \\ r_n^t &= r_{n1}^t + ... + r_{nn}^t + x_n^t + l_n^t - l_n^{t-1}. \end{aligned} \tag{5.2}$$

Die Gleichungen besagen, dass die gesamte Ausbringungsmenge r_i^t eines Teilprozesses in t sich aus den in den Produktionsstufen $i = 1, ..., n$ benötigten Mengen des Gutes i in t, der Endnachfrage nach diesem Gut x_i^t in t und der Lagerbestandsveränderung $l_i^t - l_i^{t-1}$ ergibt.

Die Dauer eines Produktionsschrittes wird in der dynamischen Transformationsgleichung berücksichtigt:

$$r_{ij}^t = f_{ij}^{\theta}(...) \cdot r_j^{t+\theta}. \tag{5.3}$$

Die Transformationsfunktion gibt an, wieviel von r_{ij} in t benötigt wird, um in $t + \theta$ r_j Einheiten zu erhalten. Dabei ist θ die Dauer des Teilprozesses bzw. die Verweildauer auf dieser Produktionsstufe. Diese wird durch die Fertigungsgeschwindigkeit sowie die Art der Weitergabe ('offene' oder 'geschlossene') determiniert.

Berücksichtigt man, dass r_{ij} in verschiedenen Teilprozessen unterschiedlicher Dauer τ eingesetzt wird, so ergibt sich die benötigte Menge wie folgt:

$$r_{ij}^t = \sum_{\tau=0}^{\theta} f_{ij}^{\tau}(...) \cdot r_j^{t+\tau} \tag{5.4}$$

Die insgesamt benötigte Menge des Gutes i in t ergibt sich dann aus der Summe der in allen Produktionsstellen benötigten Mengen y_{ij}, $j = 1, .., n$.

$$r_i^t = \sum_{\tau=1}^{\theta} \sum_{j=1}^{n} f_{ij}^{\tau}(....) \cdot r_j^{t+\tau} + x_i^t + l_i^t - l_i^{t-1}, \qquad i = 1, .., n. \quad (5.5)$$

Die dynamische Produktionsfunktion erhält man nun, indem man diesen Zusammenhang für jedes Gut und jede Periode darstellt und dabei berücksichtigt, dass die Güterverbräuche der verschiedenen Perioden voneinander über den Lagerbestand abhängen. Aufgrund der formalen Komplexität soll hier auf eine exakte Darstellung der Produktionsfunktion verzichtet werden. (Man sieht, dass bereits für wenige Güterarten und Perioden die Produktionsfunktion sehr umfangreich wird.) Dies spiegelt den Rechenaufwand wider, der notwendig ist, um z.B. den kostenminimalen Zeitpfad zu berechnen.

Der Ansatz von Küpper kann noch an verschiedenen Stellen erweitert werden. So können produktionswirtschaftliche Tatbestände wie Intensitätsgrad, Leistung einer Produktionsanlage oder die Bearbeitungsreihenfolge berücksichtigt werden. Auch kann man Interdependenzen zwischen der Produktion und der Aufbauorganisation des Fertigungsbereichs, wie z.B. der räumlichen Anordnung der Fertigungsanlagen, oder die Prozessstrukturen abbilden.

Dynamische Produktionsfunktion von Matthes

Eine weitere kurzfristige dynamische Produktionsfunktion wurde von Matthes ebenfalls im Jahre 1979 entwickelt. Er versuchte zusätzlich auch strukturelle, finanzielle, prozesstechnische und soziale Nebenbedingungen einzubeziehen. Sein Modell baut auf dem von Küpper auf und enthält folgende Erweiterungen:

Statt Teilperioden und die zugehörigen aggregierten Produktionsmengen zu betrachten, verwendet Matthes nun datierte Mengen, was es ihm ermöglicht, den Produktionsablauf wesentlich exakter abzubilden. Weiter erfasst er jeden Vorgang als Projekt und bildet ihn mit Hilfe eines Metra-Potential-Netzplans ab. Als Projekt definiert er dabei die Erzeugung einer Einheit eines bestimmten Endprodukts. Durch die Netzplanstruktur gelingt es ihm, ebenfalls den Finanzbereich mit den kurzfristigen Ein- und Auszahlungen und deren Beziehungen zum Produktionsbereich darzustellen. Aufgrund des großen Umfangs soll auf den Aufbau dieses Modells hier nicht näher eingegangen werden.

5.1.2 Langfristige zeitliche Aspekte (putty-clay)

Bei den langfristigen dynamischen Produktionsfunktionen steht die Entwicklung der Produktionsbedingungen und der eingesetzten Produktionstechnologie in Abhängigkeit von den sich im Zeitablauf verändernden Rahmenbedingungen im Vordergrund. Die Produktionsmöglichkeiten sind nicht mehr konstant, sondern verändern sich im Zeitablauf. Vor allem der technische Fortschritt bedingt die Notwendigkeit einer dynamischen Produktionsfunktion. In Fandel (1996) wird gezeigt, wie es möglich ist, in traditionellen Produktionsfunktionen wie der Leontief- oder Gutenberg-Produktionsfunktion technischen Fortschritt zu berücksichtigen. Eine Sonderform des technischen Fortschritts sind *Lernprozesse.* Diese beinhalten keine technischen Neuerungen, sondern spiegeln die Tatsache wider, dass Arbeiter eine Tätigkeit mit zunehmender Übung effektiver ausüben. Bereits 1936 wurde von Wright festgestellt, dass bei einer Verdoppelung der kumulierten Produktionsmenge die Stückkosten um einen konstanten Prozentsatz, die sogenannte Lernrate, sinken. Vor allem zu Beginn der Produktion hat dies einen erheblichen Einfluss auf die Produktionskoeffizienten. Wie dies in einer Produktionsfunktion berücksichtigt werden kann, wird ebenfalls bei Fandel gezeigt.

Auch wenn kein technischer Fortschritt vorliegt, kann sich das Faktoreinsatzverhältnis ändern. Der Grund hierfür liegt meist in einer Veränderung der Faktorpreisverhältnisse. Relativ 'teurer' gewordene Faktoren werden teilweise durch 'billigere' Faktoren substituiert. Es ist gängige Praxis, mit Hilfe zunehmender Automatisierung Arbeitskräfte durch Maschinen zu substituieren.

Der Tatsache, dass das Ausmaß der Substitutionalität zwischen Faktoren vom Zeitpunkt der Betrachtung abhängt, wird in dem **putty-clay** (Lehm-Ton) Modell Rechnung getragen. In ihm wird zwischen einer ex-ante und einer ex-post Produktionsfunktion unterschieden. Als ex-ante wird der Zeitpunkt vor der Installation einer Produktionsanlage verstanden. Hier bildet die Produktionsfunktion die möglichen Ausgestaltungen der Produktionsanlage und der damit verbundenen Faktoreinsatzmengen in Abhängigkeit vom technischen Fortschritt im Installationszeitpunkt ab. Ex-post, also nach der Installation der Produktionsanlage, sind die Substitutionsmöglichkeiten nur noch beschränkt gegeben. Dies wird durch die ex-post-Produktionsfunktion abgebildet. Die ex-ante Produktionsfunktion wird im putty-clay Modell durch eine neoklassische Produktionsfunktion der folgenden Form abgebildet:

$$\begin{aligned} x &= \alpha_0(\tau) \cdot r_1^{\alpha_1} \cdot ..... \cdot r_I^{\alpha_I} \qquad (5.6) \\ \text{mit } \sum_{i=1}^{I} \alpha_i &\leq 1. \end{aligned}$$

Der technische Fortschritt kommt durch die Fortschrittsfunktion $\alpha_0(\tau)$ zum Ausdruck, die die Abhängigkeit des Niveaufaktors vom Installationszeitpunkt erfasst. Ex-ante wird die Technologie gewählt, bei der die Faktoren so eingesetzt werden, dass das Kostenoptimum erreicht wird. Die Faktorpreise ergeben sich bei den Werkstoffen und den Arbeitskräften aus den aktuellen Marktpreisen, und bei den Betriebsmitteln aus den Abschreibungsbeträgen, die sich bei voraussichtlicher Nutzungsdauer ergeben. Eine kontinuierliche Substitution wird in der Praxis nicht möglich sein, da nur eine begrenzte Anzahl an Produktionsanlagen am Markt erhältlich ist, die zwar unterschiedliche jedoch diskrete Faktoreinsatzmengenverhältnisse aufweisen.

Hat man sich für eine Produktionsanlage entschieden, so begrenzt dies die Substitutionsmöglichkeiten. Dies wird durch die ex-post Produktionsfunktion dargestellt. Im Extremfall ist nur ein Produktionsprozess ausführbar, und man erhält eine limitationale Produktionsfunktion. In Abbildung 5.1 ist die zeitabhängige Substituierbarkeit durch eine ex-ante und eine ex-post Isoquante dargestellt.

Häufig sind jedoch mit einer Produktionsanlage mehrere Produktionsprozesse ausführbar bzw. kann die Produktionsge-

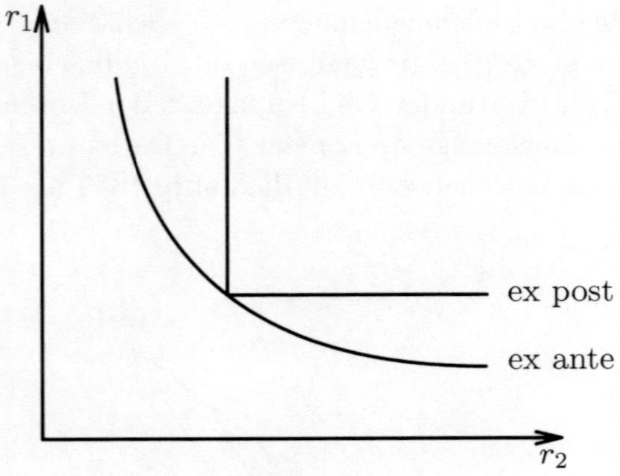

Abbildung 5.1: Ex post und ex ante Isoquante einer putty-clay Produktionsfunktion

schwindigkeit variiert werden. Dann erhält man wiederum eine substitutionale Produktionsfunktion. Allerdings werden zumeist nicht alle Produktionsanlagen zu einem Zeitpunkt angeschafft, sondern im Zeitablauf erneuert. Mit der Anschaffung eines neuen Aggregats verändert sich jedes Mal die Technologiemenge.

Ein empirisches Anwendungsbeispiel

Forsund und Hjalmarsson (1987) haben anhand der schwedischen und norwegischen Industrie verschiedene putty-clay-Produktionsfunktionen geschätzt. Unter anderem kurz- und langfristige Produktionsfunktionen für die Milch-, die Zement- und die Stahlindustrie. Im folgenden wird beispielhaft das Vorgehen sowie die Ergebnisse der Schätzungen für die schwedische Zementindustrie präsentiert.

Der Produktionprozess von Zement wurde im Kapitel 1.5 bereits ausführlich beschrieben, und kann deshalb als bekannt vorausgesetzt werden. Forsund und Hjalmarsson konzentrieren sich bei der Schätzung auf Brennöfen in der schwedischen Zementindustrie. Sie nehmen an, dass langfristig die Technologie frei wählbar ist. Somit liegt ex-ante eine substitutionale Produktionsfunktion vor. Kurzfristig determiniert die Technologie die Produktionsmöglichkeiten. Zur Schätzung verwenden sie die eingesetzte Energie gemessen in cal., die eingesetzte Arbeit gemessen in Stunden, die Kapazität der Brennöfen sowie die Ausbringungsmenge an Zement. Die Daten und somit auch die Schätzung beziehen sich auf die Jahre 1955 bis 1979.

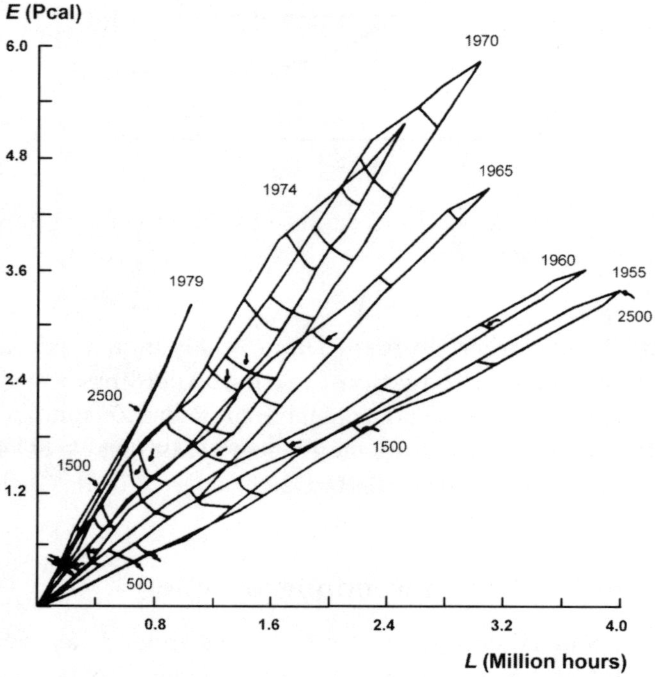

Abbildung 5.2: Die Entwicklung der kurzfristigen Industrieproduktionsfunktionen zwischen 1955 und 1979

In Abbildung 5.2 sind die kurzfristigen (ex-post) Produktionsfunktionen für ausgewählte Jahre dargestellt. Die zu den jeweiligen Jahren gehörenden Flächen zeigen die Möglichkeiten der kurzfristigen Substitution von Arbeit und Energie. Zusätzlich sind für verschiedene Ausbringungsmengen die Ertragsisoquanten im jeweiligen Jahr eingezeichnet. Es zeigt sich, dass die kurzfristige Substituierbarkeit der Faktoren relativ gering ist und über die Jahre schwankt. So ist sie z.B. im Jahr 1970 relativ groß, während im Jahr 1979 die Faktoren kaum substituiert werden können. Die Veränderung der Produktionsfunktionen über die Zeit zeigt, dass die Faktoren Arbeit und Energie in der schwedischen Zementindustrie langfristig substituierbar sind. Tatsächlich wird im Zeitablauf der Faktor Arbeit zunehmend durch den Faktor Energie ersetzt. Dies liegt u.a. daran, dass durch die Einführung neuer Technologien zunehmende Größenersparnisse erzielt werden können. Dies kann auch in Abbildung 5.2 abgelesen werden, wenn die Isoquanten für eine bestimmte Ausbringungsmenge (z.B. 2.500) für verschiedene Jahre verglichen werden. Aber nicht nur langfristig, sondern auch kurzfristig können zunehmende Größenersparnisse erzielt werden. Dies zeigen die Faktornachfragefunktionen in Abbildung 5.3 und 5.4. Mit zunehmendem Output steigt die nachgefragte Menge nach Arbeit und Energie nur unterproportional.

Das Beispiel verdeutlicht, dass die Substituierbarkeit zwischen zwei Faktoren (hier Arbeit und Energie) abhängig vom Betrachtungszeitraum ist. Während ex-ante die Faktoren weitgehend substituierbar sind, ist das Einsatzverhältnis kurzfristig nur sehr eingeschränkt variierbar.

5.2 Stochastische Aspekte

Bisher wurde angenommen, dass ein sicherer Zusammenhang zwischen Input und Output besteht. In der Praxis zeigt sich jedoch, dass der Output selbst bei gleichen Produktionsbedingungen und Inputmengen im Zeitablauf schwankt. Der Grund hierfür sind zufallsbedingte Einflüsse, sogenannte *Störeinflussgrößen*, wie wechselnde Klimabedingungen in der Landwirtschaft, schwankende Arbeitseffizienz, unterschiedliche Qualität der Einsatzfaktoren oder aber auch nicht exaktes Funktionieren der Betriebsmittel. Diesem Tatbestand wird durch eine Stochastisierung der Produktionsfunktion Rechnung getragen. Es gibt zwei Möglichkeiten, derartige Unsicherheiten in die Produktionsfunktion einfließen zu lassen (vgl. auch Fandel, 1996, S. 179ff.).

Die erste Möglichkeit ist, den Output nicht mehr als deterministische Größe x sondern als Zufallsvariable X darzustel-

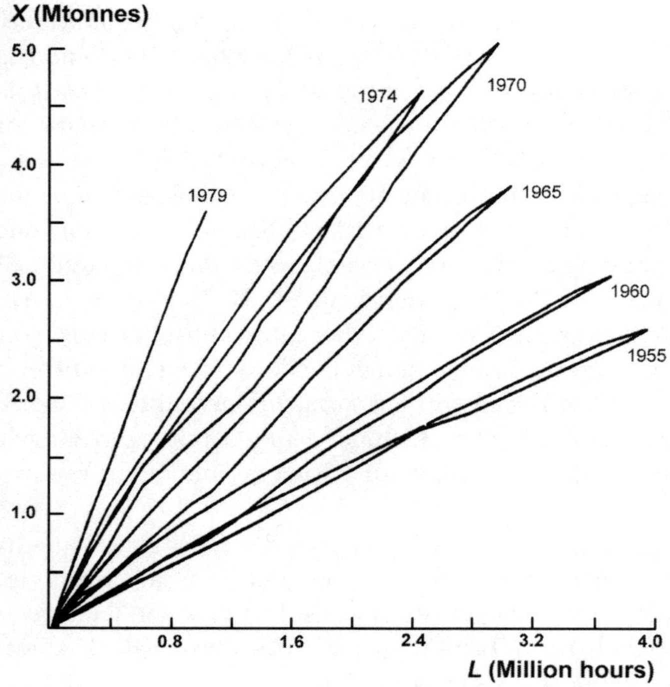

Abbildung 5.3: Die Entwicklung der Nachfrage nach Arbeit zwischen 1955 und 1979

len. Nimmt man an, dass die Störeinflussgröße normalverteilt ist mit dem Erwartungswert Null, so ist der Output ebenfalls normalverteilt mit einem Erwartungswert x. Somit kann man die stochastische Produktionsfunktion in eine deterministische überführen.

Bei der zweiten Möglichkeit wird die Unsicherheit in den Produktionskoeffizienten berücksichtigt. Diese sind nun nicht mehr sicher, sondern Zufallsvariablen, was dazu führt, dass der Output ebenfalls stochastisch ist. Die Störeinflüsse können entweder durch eine additive oder durch eine multiplikative Störgröße U in einer Produktionsfunktion berücksichtigt werden. Als Beispiel für eine multiplikative Verknüpfung sei fol-

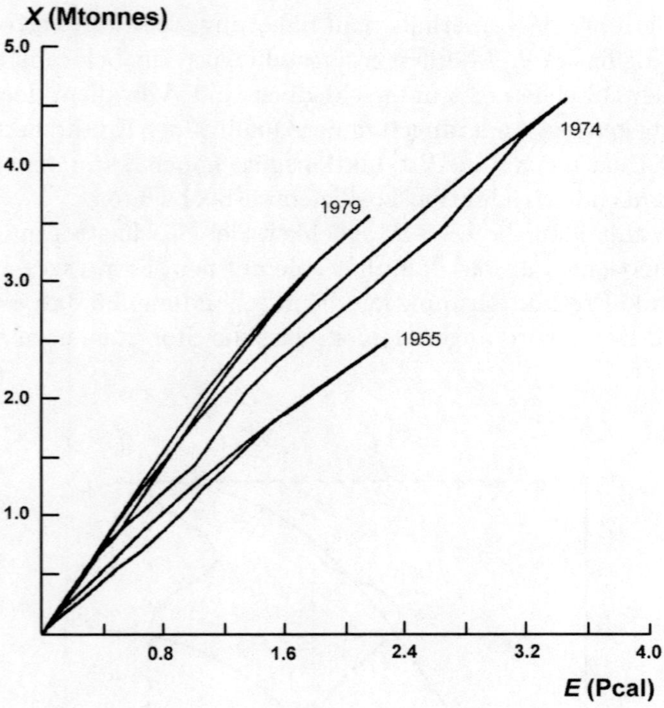

Abbildung 5.4: Die Entwicklung der Energienachfrage zwischen 1955 und 1979

gende Cobb-Douglas-Produktionsfunktion angeführt:

$$X = \alpha_0 \cdot r_1^{\alpha_1} ... r_I^{\alpha_I} \cdot e^U . \tag{5.7}$$

Hierbei ist e die Basis des natürlichen Logarithmus und U die Störgröße.

Wählt man die zweite Möglichkeit der Stochastisierung, so kann man näherungsweise die Verteilung der Produktionskoeffizienten ermitteln. Dazu muss man über einen genügend langen Zeitraum die Output- und die zugehörigen Inputmengen erfassen. Dividiert man die Outputmengen durch die Inputmengen der jeweiligen Einsatzfaktoren, so erhält man die Produktionskoeffizienten. Ordnet man die Koeffizienten Intervallen gleicher

Breite zu und stellt die Belegung der einzelnen Intervalle als Histogramm dar, so erhält man näherungsweise die Verteilung der Koeffizienten. Man hat festgestellt, dass die Schwankungen je nach Branche recht unterschiedlich sind. Vor allem dort, wo bereits geringe Änderungen in der Qualität der Einsatzfaktoren große Einflüsse auf die Produktionsgüte haben, kann man stark schwankende Produktionskoeffizienten beobachten.

Wählt man die erste Möglichkeit der Stochastisierung der Produktionsfunktion, dann hat eine auf dem Ertragsgesetz basierende Produktionsfunktion die in Abbildung 5.5 dargestellte Form. Dabei wird angenommen, dass die Störgröße normalverteilt ist.

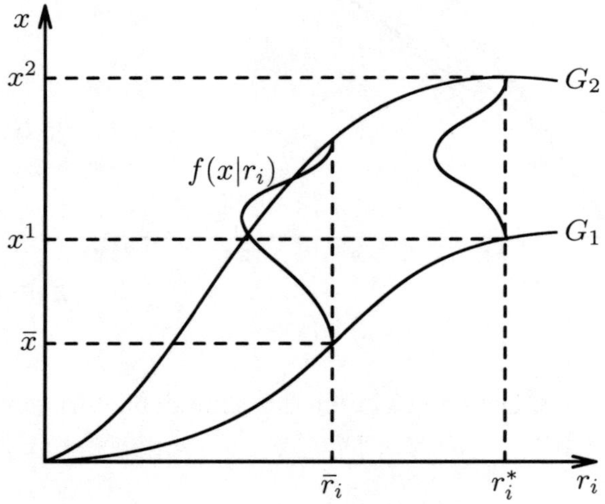

Abbildung 5.5: Stochastisch ertragsgesetzliche Produktionsfunktion bei partieller Faktorvariation

Kapitel 6

Mehr-Produkt-Unternehmen

6.1 Einleitung

Obwohl nahezu alle Unternehmen Mehr-Produkt-Unternehmen-(kurz: MPUs genannt) sind, tragen die traditionellen Lehrbücher zur Produktions- und Kostentheorie diesem Tatbestand kaum Rechnung. In diesem Kapitel soll diese Lücke ein gutes Stück geschlossen werden. Zunächst wird der Frage nachgegangen, warum es überhaupt MPUs gibt. Anschließend konzentriert sich die Analyse auf die traditionelle Sichtweise der Mehrproduktproduktion, worauf die moderne Sichtweise folgt, die von der Existenz von Komplementaritäten ausgeht.

Warum produzieren und vertreiben Unternehmen mehr als ein Produkt? In Anlehnung an Ronald Coase, der die Frage nach der Existenz von Unternehmen stellte, kann geantwortet werden: Es muss Gründe geben, die ein Unternehmen veranlassen, ein Produktportfolio anzubieten, das mindestens gleiche Marktchancen besitzt, wie vergleichbare Produkte von Ein-Produkt-Unternehmen. In der modernen Produktionstheorie werden als Gründe Kosten-, Ertrags- und Wettbewerbsvorteile genannt. Im Kern handelt es sich um Komplementaritäten, die durch die vorhandenen Produktionsfaktoren in MPUs zur Entfaltung gelangen können und dem Unternehmen Vorteile unterschiedlicher Ausprägung bescheren können. Weiter unten wird auf die Eigenschaften von Komplementaritäten ausführlich eingegangen

In einigen Standardlehrbüchern werden bei der Mehrproduktproduktion zwei Fälle unterschieden: Die *unverbundene* und die *verbundene* Produktion (vgl. Ellinger/Haupt, 1996). Bei der *unverbundenen Produktion* werden die Produkte jeweils unabhängig voneinander hergestellt. Es gibt kein Allokationsproblem zwischen den verfügbaren Kapazitäten der Produktionsfaktoren. Jedes Produkt besitzt seinen eigenen Inputvektor.

Dadurch handelt es sich um voneinander unabhängige Produktionseinheiten, so dass es Gründe geben muss, die außerhalb des Produktionsbereichs liegen, die die Existenz dieses MPUs rechtfertigen. Es ist unmittelbar einsichtig, dass es schwerfällt, realistische Beispiele für die unverbundene Produktion zu finden. Definiert man den Produktionsbereich eng genug, lassen sich solche Beispiele konstruieren.

Beispiel 1: *Zur Herstellung von zwei Produkten werden zwei produktspezifische Anlagen benötigt. Die maximal herstellbare Menge der beiden Produkte hängt nur von den Kapazitäten der eingesetzten Produktionsfaktoren ab. Beide Produkte besitzen ihren produktspezifischen, voneinander unabhängigen Inputvektor.*

Beispiel 2: *Die meisten Bierbrauereien bieten neben verschiedenen Biersorten auch alkoholfreie Getränke an. Nun kann man vereinfachend sagen, dass Brauereien mit den Produkten Bier und Mineralwasser Zwei-Produkt-Unternehmen sind. Der Produktionsprozess der beiden Produkte ist -was unmittelbar einleuchtet- voneinander unabhängig. Dies betrifft nicht nur die eigentliche Herstellung sondern auch die Abfüllung der Getränke. Trotz dieser weitgehenden Unabhängigkeit kann nicht von reiner unverbundener Produktion ausgegangen werden, weil einige Produktionsfaktoren (bspw. Arbeitskräfte) gemeinsam genutzt werden.*

Realistischer ist der Fall der *verbundenen Produktion.* Zur Herstellung mehrerer Produkte wird mindestens ein Produktionsfaktor gemeinsam genutzt. Dadurch entsteht bei begrenzter Verfügbarkeit der Produktionsfaktoren ein Tradeoff-Problem, wonach die Erhöhung der Ausbringungsmenge des Produktes i zur Reduzierung der maximalen Ausbringungsmenge des Produktes $j (i \neq j)$ führt. Ein Spezialfall ist die sog. *Kuppelproduktion.* Im Produktionsprozess entstehen immer mehrere Produkte, unabhängig davon, welches Produkt das Unternehmen ursprünglich beabsichtigte herzustellen.

Beispiel 3: *Zur Gaserzeugung aus Kohle fällt im Produktionsprozess neben Gas auch Koks an, so dass Gaserzeuger auch Koks vertreiben.*

Beispiel 4: *Bei der Erzeugung von Kraftstoffen aus Rohöl fallen als Nebenprodukte Fette und Öle an, die die Mineralölunternehmen in ihr Produktportfolio aufnehmen.*

6.2 Verbundene Produktion ohne Komplementaritäten

Die verbundene Produktion ist der typische Fall der Mehrproduktproduktion. Zunächst soll die traditionelle Sichtweise vorgestellt werden, bei der der substitutive Charakter der eingesetzten Produktionsfaktoren im Vordergrund steht und nicht die Komplementarität zwischen den Produkten.

Gehen wir wie im Ein-Produkt-Fall davon aus, dass ein Unternehmen eine Produktionstechnologie gewählt hat, die durch die Technologiemenge T beschrieben werden kann und die verfügbare Input-Output-Kombination wiedergibt. Es sei $\underline{r}$ der Vektor für verfügbare Produktionsfaktoren und $\underline{x}$ der Vektor für das Produktportfolio, das aus der herstellbaren Menge $M = (1, 2, ..., m)$ gewählt wurde. Im Ein-Produkt-Fall kann die Technologiemenge mit der Produktionsfunktion direkt in Verbindung gebracht werden und zwar durch $T = \{(\underline{r}, x) : x \leq f(\underline{r})\}$. Im Mehr-Produkt-Fall wird die Technologiemenge wie folgt definiert:

Definition 1: $T = \{(\underline{r}, \underline{x}) : \underline{x}$ kann mit $\underline{r}$ produziert werden$\}$.

An die so definierte Technologiemenge werden üblicherweise einige Bedingungen geknüpft und zwar unter anderem, dass eine kontinuierliche Transformationsfunktion der Form $\varphi(\underline{r}, \underline{x}) \geq 0$ existiert, so dass positive Mengen der Produktionsfaktoren positive Produktmengen ergeben, wenn $(\underline{r}, \underline{x}) \in T$.[1] Die Transformationsfunktion repräsentiert den Kombinationsprozess im Mehr-Produkt-Fall durch die Menge der Input/Output-Kombinationen und -wie wir bereits gesehen haben- im Ein-Produkt-

[1] Zu den weiteren Bedingungen vgl. Chambers (1988).

Fall bei gegebener Produktionsfunktion $x = f(\underline{r})$ durch $\varphi(\underline{r}, x) = f(\underline{r}) - x$.

Betrachten wir nun den Kombinationsprozess für n Produktionsfaktoren zur Herstellung von m Produkten, dann ergibt sich als *Faktorbedarfsfunktion* für $i = 1, ..., n$:

$$r_i = a_{i1}(x_1) \cdot x_1 + a_{i2}(x_2) \cdot x_2 + ... + a_{im}(x_m) \cdot x_m = \sum_{j=1}^{m} a_{ij}(x_j) \cdot x_j, \tag{6.1}$$

und bei konstanten Produktionskoeffizienten $a_{ij}(x_j) = a_{ij}$

$$r_i = a_{i1} \cdot x_1 + a_{i2} \cdot x_2 + ... + a_{im} \cdot x_m = \sum_{j=1}^{m} a_{ij} \cdot x_j \tag{6.2}$$

Bei gegebenen Kapazitäten der Produktionsfaktoren lässt sich unmittelbar die faktorspezifische *Isoeinsatzkurve* als der geometrische Ort alternativer Produktmengenkombinationen $(x_1, ..., x_m)$ ermitteln. Und die *Grenzrate der Produktsubstitution* zeigt uns bekanntlich an, um wieviel die Produktion von x_j eingeschränkt werden muss, wenn $x_{k,(j \neq k)}$ um eine infinitesimal kleine Mengeneinheit erhöht werden soll. Ausgewählt wird diejenige $(x_1, ..., x_m)$ Kombination, die den Zielvorgaben des Entscheidungsträgers optimal entspricht. Unterstellen wir Gewinnmaximierungstreben des Managements, dann wird die optimale Produktmengenkombination durch die Lösung des folgenden *Optimierungsproblems* gefunden:

$$\max_{x_j} \Pi = \sum_{j=1}^{m} d_j \cdot x_j \tag{6.3}$$

unter der Nebenbedingung:

$$\sum_{j=1}^{m} a_{ij} \cdot x_j = r_i \text{ für alle } i \text{ Produktionsfaktoren } (i = 1, ..., n),$$

wobei d_j der Deckungungsbeitrag des j-ten Produkts darstellt. Die Lösung dieses linearen Gleichungssystems erfolgt mit gängigen Methoden der linearen Programmierung, die inzwischen in vielen quantitativen Computer-Softwarepaketen enthalten sind.

Beispiel 6: *Anhand eines einfachen Beispiels soll der Optimierungsprozess illustriert werden. Angenommen es werden drei Produktionsfaktoren zur Herstellung von zwei Produkten benötigt. Von den Produktionsfaktoren sind folgende Mengen verfügbar:* $r_1 = 80$, $r_2 = 110$, $r_3 = 160$. *Weiterhin werden folgende konstante Produktionskoeffizienten unterstellt:* $a_{11} = 2$, $a_{12} = \frac{1}{4}$, $a_{21} = \frac{1}{2}$, $a_{22} = 1$, $a_{31} = 3$, $a_{32} = 1$. *Und schließlich seien die Deckungsbeiträge der beiden Produkte* $d_1 = 4$ *und* $d_2 = 3$. *Das Optimierungsproblem kann nun folgendermaßen beschrieben werden:*

$$\max \Pi = 4x_1 + 3x_2$$

unter den Nebenbedingungen:

$$2x_1 + \tfrac{1}{4}x_2 \leq 80$$
$$\tfrac{1}{2}x_1 + x_2 \leq 110$$
$$3x_1 + x_2 \leq 160$$
$$x_1 \geq 0, x_2 \geq 0$$

Da es sich in diesem Beispiel nur um ein Zwei-Produkt-Optimierungsproblem handelt, können wir es auch graphisch darstellen. Aus Abbildung 6.1 wird ersichtlich, dass die Isoeinsatzkurven einen Lösungsraum begrenzen, der der Technologiemenge der Produktionsmöglichkeiten entspricht. Die effizienten Produktionsmöglickeiten werden durch die Isoeinsatzkurve beschrieben. Im Sinne der Zielvorgaben wird diejenige Produktionskombination (x_1^*, x_2^*) *gewählt, die die maximale Deckungsbeitragssumme ergibt. Geometrisch findet man in Abbildung 6.1 die optimale Produktionskombination durch das Verschieben der Iso-Deckungsbeitragslinie nach rechts oben.*
Im Punkt A erhalten wir den maximalen Deckungsbeitrag unter den gegebenen Produktionsmöglichkeiten und werden somit die Mengen $x_1^* = 20$ *und* $x_2^* = 100$ *herstellen.*

6.3 Verbundene Produktion mit Komplementaritäten

Bereits in den frühen Schriften der Nationalökonomie wird die Existenz von Mehr-Produkt-Unternehmen durch vorhandene

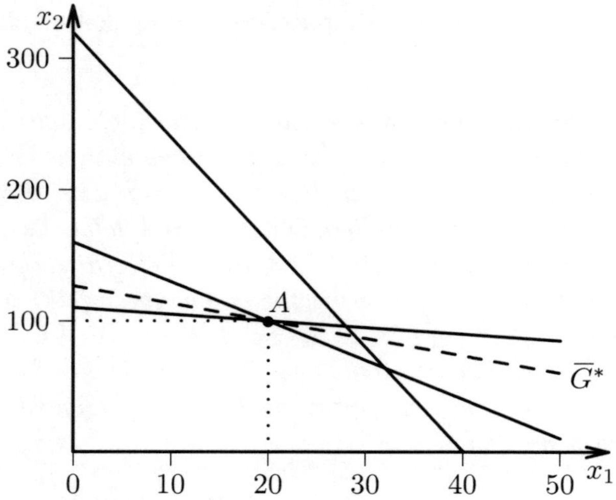

Abbildung 6.1: Ermittlung des Gewinnmaximums im Mehrproduktfall

Komplementaritäten (economies of scope) erklärt. Beispielweise führt Hicks (1935) aus: *"... almost every firm does produce a considerable range of different products. It does so largely because there are economies to be got from producing them together, and these economies consist largely in the fact that the different products require much the same overhead."* (S. 372). Die verbundene Produktion muss demnach mit Vorteilen verbunden sein, die nur im Mehrprodukt-Fall auftreten können und voraussetzen, dass mindestens ein Produktionsfaktor gemeinsam genutzt werden kann. Ergeben sich durch die verbundene Produktion Kostenvorteile, dann spricht man von *Kostenkomplementarität.* In diesem Sinne ist es kostengünstiger, mehrere Produkte gemeinsam und nicht getrennt herzustellen (*"the whole is more than the sum of its parts"*). Die gemeinsame Produktion (joint production) kann in einem Mehr-Produkt-Unternehmen oder im Verbund mit anderen Unternehmen (strategische Allianzen) erfolgen.

Angenommen $M = (1, ..., m)$ sei die Menge der herstellbaren Produkte, S eine Untermenge von M, $(S \subset M)$, und $P = (T_1, ..., T_k)$ eine nichttriviale Partition der Menge S $(\cup_j T_j = S$,

$T_j \cap T_{k(j \neq k)} = \emptyset$). Dann ergeben sich bei der Produktion aus der Produktmenge S bei der Partition P und dem Produktvektor $\underline{x}_S$ Komplementaritätsvorteile (economies of scope, auch Verbundvorteile genannt) falls bei gegebenen Faktorpreisen folgendes erfüllt ist:

$$\sum_{j=1}^{k} C(x_{T_j}) > C(x_S). \tag{6.4}$$

Das Ausmaß der Verbundvorteile beim Produktvektor $\underline{x}$ für die Produktmenge T ergibt sich dann wie folgt:

$$V_T(\underline{x}) = \frac{C(\underline{x}_T) + C(\underline{x}_{M-T}) - C(\underline{x})}{C(\underline{x})}. \tag{6.5}$$

Es misst den prozentualen Anstieg der Produktionskosten, wenn die Produktion in separaten Produktionseinheiten T und $M - T$ aufgeteilt wird, so dass Produktionsfaktoren nicht gemeinsam genutzt werden können. Spaltet man das Mehr-Produkt-Unternehmen in unterschiedliche Produktioneinheiten auf, dann steigen, fallen oder bleiben die Gesamtproduktionskosten unverändert, je nach dem, ob $V_T(\mathbf{x})$ größer, kleiner oder gleich Null ist.

Beispiel 7: *Die Bedingung für die Existenz von Verbundvorteilen kann am Beispiel von zwei Produkten folgendermaßen gezeigt werden:*

$$C(x_1, 0) + C(0, x_2) > C(x_1, x_2). \tag{6.6}$$

Gleichung (6.6) soll zeigen, dass die Summe der Produktionskosten bei unabhängiger Produktion größer ist als die Produktionskosten beider Produkte in einer Organisation. Graphisch lässt sich dieser Zusammenhang ebenfalls einfach zeigen. In Abbildung 6.2 liegt der Punkt A unterhalb der schraffierten Hyperebene, wodurch die Produktionskosten des Zwei-Produkt-Unternehmens geringer sind als die Summe der Kosten der beiden Ein-Produkt-Unternehmen.

Das Ausmaß der Verbundvorteile für $m = 2$ ergibt sich dann

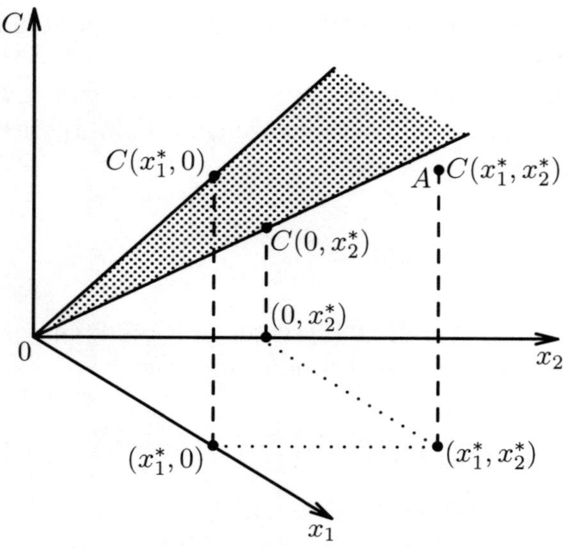

Abbildung 6.2: Komplementaritätsvorteile im Zwei-Produktfall

aus:

$$V(x_1, x_2) = \frac{C(x_1, 0) + C(0, x_2) - C(x_1, x_2)}{C(x_1, x_2)} \gtreqless 0. \qquad (6.7)$$

Falls $V(x) > 0$ *spricht man von Verbundvorteilen (teilweise auch von positiven Synergieeffekten), bei* $V(x) < 0$ *von Verbundnachteilen. Bei* $V(x) = 0$ *sind keine Komplementaritätsvorteile vorhanden, so dass ein Mehr-Produkt-Unternehmen keine Wettbewerbsvorteile gegenüber Ein-Produkt-Unternehmen besitzt.*

Komplementaritätsvorteile lassen sich auf die gemeinsame Nutzung von mindestens einem Produktionsfaktor zurückführen. Häufig wird die menschliche Arbeitskraft als Beispiel für ihre universelle Verwendung im Produktionsprozess genannt. Dies schließt den dispositiven Faktor mit ein, denn Managementfähigkeiten lassen sich durchaus auf andere Tätigkeitsfelder übertragen. Die Praxis zeigt jedoch, dass Manager sich branchenspezifische Fähigkeiten aneignen und die Arbeitsmobilität weitgehend auf diese Branche beschränkt bleibt. Neben der menschlichen Arbeitskraft besitzen neue Technologien das Potential für die Mehr-Produkt-Produktion ohne zusätzliche Kosten eingesetzt zu werden. Als Beispiel eignen sich numerisch gesteuerte Maschinen im Werkzeugmaschinenbau (sog. NC-gesteuerte Maschinen), die die Flexibilisierung im Produktionsbereich enorm gesteigert haben, so dass die neuen Technologien die Komplementaritätsvorteile im Zeitablauf erhöht haben.

Komplementaritätsvorteile setzen die Existenz von *Subadditivität* voraus[2].

Definition 2: *Eine Kostenfunktion*$C(\underline{x})$ *heißt* ***subadditiv*** *bei* $\underline{x}$*, falls alle beliebigen Mengen von Produktvektoren*
$\underline{x}^1, ..., \underline{x}^k, \underline{x}^j \neq \underline{x}, j = 1, ..., k$
so dass $\sum_{j=1}^{k} \underline{x}^j = \underline{x}$ *und* $C(\underline{x}) < \sum_{j=1}^{k} C(\underline{x}^j)$ *ist.*

Subadditivität und letztlich auch die Existenz von Komplementaritätvorteilen setzt die Kenntnis der Kostenfunktion insbesondere bei geringen Produktionsmengen voraus. Denn nur über diese Kosteninformationen kann die Vorteilhaftigkeit der Mehr-Produkt-Fertigung gegenüber der Ein-Produkt-Fertigung beurteilt werden. Demnach muss bekannt sein, ob $C(\underline{x}^*)$ für alle $\underline{x}^* \leq \underline{x}$ gilt. Ist die Kostenfunktion*querstrahlkonvex*, dann können Komplementaritätsvorteile erzielt werden.

Definition 3: *Eine Kostenfunktion* $C(\underline{x})$ *heißt* ***querstrahlkonvex****, wenn bei zwei beliebigen Produktvektoren* $\underline{x}^1$ *und* $\underline{x}^2$ *folgendes gilt:*

$$C\left[\alpha \underline{x}^1 + (1-\alpha)\underline{x}^2\right] \leq \alpha C(\underline{x}^1) + (1-\alpha)C(\underline{x}^2), \qquad (6.8)$$

wobei α Werte zwischen $0 < \alpha < 1$ annehmen kann.

Beispiel 8: *Die Querstrahlkonvexität kann für den Zwei-Produkt-Fall in Abbildung 6.3 einfach verdeutlicht werden. Auf dem Querstrahl* $\underline{x}^*$ *werden die beiden Produktvektoren* $\underline{x}^a$ *und* $\underline{x}^b$ *gewählt. Dabei ist* $\underline{x}^* = (\underline{x}^a, \underline{x}^b) = \alpha\underline{x}^a + (1-\alpha)\underline{x}^b$*, wobei* $\underline{x}^a = (x_1^a, 0)$ *und* $\underline{x}^b = (0, x_2^b)$ *ist. Entsprechend Gleichung (6.7) muss folgendes gelten:*

---

[2]Die folgenden Ausführungen lehnen sich an Baumol et al. (1982) an.

$$C(\underline{x}^*) \leq \alpha C(x^a) + (1-\alpha)C(x^b). \tag{6.9}$$

Demnach müssen die Kosten des Zwei-Produkt-Unternehmens geringer sein als die Gesamtkosten bei spezialisierter Produktion. Im Mehr-Produkt-Fall kann die übliche Definition der

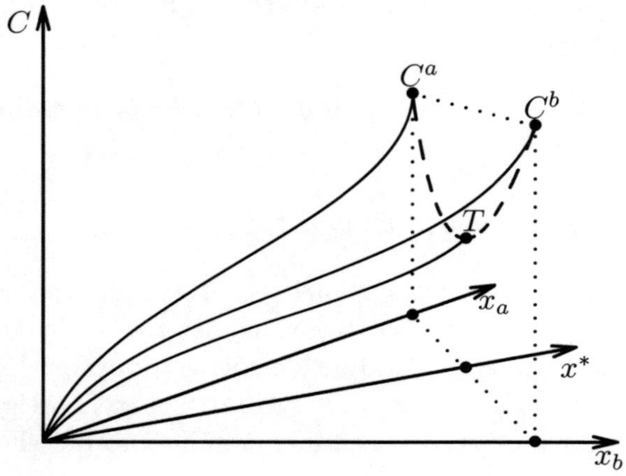

Abbildung 6.3: Strahlendurchschnittskosten

Durchschnittskosten nicht verwendet werden. Statt dessen betrachtet man sog. *Strahlendurchschnittskosten*, die den Kostenverlauf auf einem Strahl oder Schnitt parallel oder quer zu den Achsen beschreiben. Auf einem Strahl liegen alle Produktkombinationen, die verschiedene Produktmengen in den gleichen Proportionen enthalten. Die Strahlendurchschnittskosten (SDK) sind wie folgt definiert:

$$SDK(\underline{x}) = \frac{C(\underline{x})}{\underline{\beta} \cdot \underline{x}} \text{ für } \underline{\beta} > 0. \tag{6.10}$$

Die SDK sind fallend (steigend) bei $\underline{x}$, wenn $SDK(t \cdot \underline{x})$ eine steigende (fallende) Funktion eines Skalars t bei $t = 1$ ist. Die SDK erreichen ihr Minimum bei $\underline{x}$, wenn $SDK(\underline{x}) < SDK(t \cdot \underline{x})$ für alle positive $t \neq 1$ ist. Steigende (fallende) SDK haben fallende (steigende) Skalenerträge zur Folge. Dabei werden *globale Skalenerträge* der Produktmenge M durch:

$$S_M(\underline{x}) = \frac{C(\underline{x})}{\sum_{j=1}^{m} \underline{x}_j C_j(\underline{x})} \tag{6.11}$$

definiert, wobei $C_j(\underline{x}) = \frac{\partial C(\underline{x})}{\partial \underline{x}_j}$ ist. Die Skalenerträge sind steigend, fallend oder konstant falls $S_M > 1$, $S_M < 1$ oder $S_M = 1$.

Durch einen Schnitt durch das Kostengebirge parallel zu einer Produktachse lassen sich *produktspezifische Kostenbetrachtungen* vornehmen. Die produktspezifischen Kosten eines Produktes j beim Produktvektor $\underline{x}$ ergeben sich aus:

$$PK_j(\underline{x}) = C(\underline{x}) - C(\underline{x}_{M-j}) \tag{6.12}$$

bei $M = (1, ..., m)$ und $\underline{x}_{M-j} = (x_1, ..., 0, ..., x_m)$. Die produktspezifischen Durchschnittskosten des Produktes j werden wie folgt definiert:

$$PDK_j(\underline{x}) = \frac{PK_j(\underline{x})}{x_j}, \tag{6.13}$$

und die produktspezifischen Skalenerträge des Produktes j bei der Produktmenge x bestimmen sich durch:

$$S_j(\underline{x}) = \frac{PK_j(\underline{x})}{x_j C_j} = \frac{PDK_j}{\frac{\partial C}{\partial x_j}}. \tag{6.14}$$

Nachdem die zentralen Kostenbegriffe bei Mehrproduktproduktion in ihrer allgemeinen Form definiert wurden, werden sie im folgenden anhand von Beispielen und Fallstudien illustriert.

6.4 Empirische Studien zur Kostenkomplementarität

In diesem Abschnitt werden empirische Studien vorgestellt, die versucht haben, das Ausmaß der Kostenkomplementarität in ausgewählten Industriezweigen zu ermitteln. Zu den ersten Studien zählt die Arbeit von Kitching (1967), die Ergebnisse einer Befragung von amerikanischen Managern über ihre Einschätzung des Potentials der Kostenkomplementaritäten bei Unternehmenszusammenschlüssen referiert. Diesen Ergebnissen zufolge sind im Durchschnitt die größten Komplementaritäten im Finanzierungsbereich, in immer noch beachtlichem Umfang im Absatzbereich und wesentlich geringer im Produktionsbereich zu vermuten. Die Kostenvorteile im Finanzierungsbereich werden deshalb als bedeutend angesehen, weil der Zugang zum Kapitalmarkt nach der Fusion wesentlich einfacher ist, und die Kapitalkosten deshalb geringer sind als die Summe dieser Kosten vor dem Zusammenschluss.

Baumol und Braunstein (1977) untersuchten die potentiellen Kostenkomplementaritäten in der Zeitschriftenindustrie der U.S.A. und fanden, dass bis zu 20 Prozent geringere Produktionskosten anfallen können, wenn eine Spezialisierung auf einen Zeitschriftentyp vermieden wird. Für andere Industriezweige wurden ebenfalls Kostenvorteile durch Komplementaritäten beobachtet. Fuss und Waverman (1981) in der kanadischen Telekommunikationsindustrie, Friedlaender et al. (1983) in der amerikanischen Automobilindustrie, Murray and White (1983) in der kanadischen Kreditwirtschaft und nicht zuletzt Mayo (1984) in der amerikanischen Energiewirtschaft konnten teilweise beachtliche Kostenkomplementaritäten empirisch ermitteln.

Anhand von zwei Fallstudien wird gezeigt, wie Kostenkomplementaritäten empirisch ermittelt werden können.

6.4.1 Komplementaritäten im Eisenbahnverkehr

Bräutigam, Kasturia und Müller (1994) haben am Beispiel der Deutschen Bahn (DB) die Kostenkomplentaritäten zwischen dem Fracht- und Personenverkehr für den Zeitraum von 1958-

1990 untersucht. Sie gehen demnach davon aus, dass die DB ein Zwei-Produkt-Unternehmen ist. Unterstellt wird eine quadratische CES-Produktionsfunktion, die auch in anderen empirischen Studien verwendet wurde. Folgende Funktion wurde geschätzt:

$$V = (a_1 y_1 + a_2 y_2 + a_{12} y_1 y_2 + a_{11} y_1^2 + a_{22} y_2^2) \cdot$$

$$\left[b_1 w_1^{-r} + b_2 w_2^{-r} + (1 - b_1 - b_2) w_3^{-r}\right]^{\left(-\frac{1}{r}\right)} \cdot K^{c_1} \cdot E^{c_2} \cdot e^{\theta t} \quad (6.15)$$

wobei V die deflationierten Gesamtkosten, y die Frachtmenge, y_2 die Anzahl der beförderten Personen, w_1 die indexierten realen Arbeitskosten, w_2 die indexierten realen Kosten der Investitionsgüter, w_3 die indexierten Kosten für Dieselkraftstoff, K die Fixkosten (approximiert durch die Länge der Gleisanlagen in Kilometer), E den Shiftparameter der Kosten (approximiert durch die Länge der elektrifizierten Gleisanlagen) und t den Trendparameter ($t = 1$ in 1958) darstellen. Die Parameter a, b, c, r und θ werden geschätzt.

Zur Ermittlung der Kostenkomplementarität ist der geschätzte Wert von a_{12} von besonderer Bedeutung. Für $a_{12} < 0$ erwarten wir positive Kostenkomplementarität und es gilt

$$V(y_1, y_2, w, K, E, t) < V(0, y_2, w, K, E, t) + V(y_1, 0, w, K, E, t). \quad (6.16)$$

Demnach ist es für die DB vorteilhaft, beide Produkte gleichzeitig anzubieten, weil ansonsten Kostennachteile durch die Trennung der Dienste entstehen würden.

Die Ergebnisse der Schätzung sind in Tabelle 6.1 zusammengefaßt. Betrachten wir nur den Schätzwert für a_{12}, dann fällt auf, dass er für die Existenz von Kostenkomplementarität das erwartete negative Vorzeichen besitzt, jedoch statistisch nicht signifikant zum üblichen 5%-Niveau ist. Daraus kann schlußgefolgert werden, dass zwar Anzeichen für potentielle Kostenkomplementaritäten vorhanden sind, aber eine statistisch zuverlässige Bestätigung nicht erzielt werden konnte.

Tabelle 6.1: Schätzergebnis der quadratischen CES-Kostenfunktion

Koeffizient (Variable)	Koeffizient	Standardfehler
$a_1(y_1)$	0,3107	0,3050
$a_2(y_2)$	0,5305*	0,0268
$a_{12}(y_1 * y_2)$	-1,7143E-06	2,5461E-06
$a_{11}(y_1^2)$	-1,6332E-06	1,4791e-06
$a_{22}(y_2^2)$	-4,1452E-06	2,3293E-06
$b_1(w_1)$	0,6945*	0,3358
$b_2(w_2)$	0,2667	0,,3395
r(CES exponent)	1,0718	2,0186
$c_1(K)$	-0,1595*	0,00896
$c_2(E)$	0,4786*	0,1755
$\theta(trend)$	-0,0215*	0,0035
$\rho(autocorrelation)$	0,6525*	0,1533

* Signifikant auf dem 5%-Niveau
19 Freiheitsgrade

6.4.2 Komplementaritäten in der Getränkeindustrie

Der Getränkemarkt wird bestimmt durch die Produktgruppen: natürliche Mineralwässer, Limonaden, Fruchtsäfte, Fruchtnektare, Bier, Wein, Sekt, Spirituosen, Kaffee, Tee und Milch. Bedeutsam in diesem Markt sind Bierbrauereien, die neben Bier vornehmlich alkoholfreie Getränke (abgekürzt: AfG) in ihrem Produktprogramm haben. Der Anteil der AfG-Produktion am Gesamtausstoß erreicht bei einigen Brauereien nicht selten einen Anteil von 40 Prozent. Kostenkomplementaritäten lassen sich in folgenden Funktionsbereichen vermuten:

Im *Produktionsbereich* sind die Komplementaritätsvorteile nur gering. Dies liegt daran, weil keine gemeinsamen Grund- und Rohstoffe verwendet werden. Die Grundstoffe für AfG sind Zucker, Essenzen und Säuren, während für Bier Malz, Hopfen und andere Rohstoffe verwendet werden. Die Grundstoffkosten für AfG liegen dabei wesentlich höher als die Rohstoffkosten für Bier. Bedeutende Kostenvorteile können hier nicht realisiert werden, es sei denn, über Rabatte beim Einkauf dieser Einsatzstoffe. Die Herstellungsverfahren gestalten sich ebenfalls unabhängig voneinander. Der Produktionsprozess für AfG ist im Vergleich zum Bier einfacher und damit kostengünstiger. Die Kosten bspw. der sog. Saftküche setzen sich aus den Abschreibungen für die Ausmischanlage und den Personalkosten zusammen. Bei der Bierherstellung entstehen Energie- und Wasserkosten sowie Personalkosten und Abschreibungen. Kostenvorteile lassen sich bestenfalls durch die Nutzung des Personals für beide Herstellungsverfahren realisieren.

Im *Abfüllbereich* sind Kostenvorteile durch gemeinsame Nutzung der Abfüllanlage möglich. Der Umfang dieser Vorteile richtet sich nach der Sorten- und Gebindevielfalt der beiden Produktgruppen. Ist die Produktdifferenzierung sehr ausgeprägt, können hohe Sortenwechselkosten durch Umrüsten der Abfüllanlage entstehen, so dass die Verbundvorteile nicht wirksam werden. Im allgemeinen werden jedoch die Verbundvorteile überwiegen, da durch die enorme Leistungssteigerung von Abfüllanlagen in jüngster Zeit die Umrüstkosten ebenfalls gesenkt werden konnten. Bei den Einsatzstoffen Energie, Wasser, Hilfs- und Betriebsstoffen sowie Instandhaltung können durch degressive Tarife und bessere Ausnutzung vorhandener Ressourcen in geringem Umfang Kosten eingespart werden. Für die übrigen Kostenarten wie Gebinde- und Aufmachungskosten werden kaum nennenswerte Verbundvorteile zu realisieren sein, weil die Gebinde für AfG und Bier zu unterschiedlich sind.

Der *Absatzbereich* bietet im Vergleich zu den übrigen Bereichen das größte Potential für Verbundvorteile. Die Absatzkosten hängen sehr stark von den gewählten Absatzwegen ab, dabei ist der Absatzweg Lebensmitteleinzelhandel der kostenintensivste. Unter den Kostenarten im Absatzbereich können die Transportkosten durch Beiladungen von AfG und durch den Einsatz kosteneffizienter Transportmedien gesenkt werden. Allerdings bietet hier die Kapazität des Transportmediums eine Grenze für die Realisierung von Verbundvorteilen. Ein weiteres Kostensenkungspotential bietet die Werbung in Form der Gemeinschaftswerbung. Die Verbundvorteile können sich außerdem auf die übrigen Kostenarten auswirken, indem bspw. das

Verkaufspersonal für beide Produktbereiche gleichzeitig und damit effektiver eingesetzt werden kann.

Im *Verwaltungsbereich* werden die Verbundvorteile bestenfalls gering sein. Sie können durch Management- und Verwaltungserfahrung generiert werden, die auf die neue Produktgruppe übertragen werden können.

Zur Ermittlung der Komplementaritätsvorteile für Brauereien, die AfG im Produktprogramm haben, wird eine *quadratische Kostenfunktion* unterstellt, die in der allgemeinen Form wie folgt geschrieben werden kann:

$$C(x) = a_0 + \sum_{i=1}^{n} a_i \cdot F_i + \sum_{i=1}^{n} b_i \cdot x_i + \frac{1}{2} \sum_{i=1}^{n} \sum_{j=1}^{m} b_{ij} \cdot x_i \cdot x_j. \tag{6.17}$$

Für den hier relevanten Zwei-Produkt-Fall (Bier und AfG) kann die Kostenfunktion folgendermaßen dargestellt werden:

$$C(x_1, x_2) = a_0 + a_1 \cdot F_1 + a_2 \cdot F_2 + b_1 \cdot x_1 + b_2 \cdot x_2 + \frac{1}{2} \cdot b_3 \cdot x_1^2 + \frac{1}{2} \cdot b_4 \cdot x_2^2 + \frac{1}{2} \cdot b_5 \cdot x_1 \cdot x_2 \tag{6.18}$$

Die quadratische Kostenfunktion besitzt die nützliche Eigenschaft, auch für den Fall definiert zu sein, wenn eines der beiden Produkte nicht hergestellt wird. Diese Eigenschaft ist insofern wichtig, da in die empirische Schätzung auch Daten von spezialisierten Unternehmen eingehen sollen, die entweder nur Bier oder nur AfG herstellen. Betrachtet man die obige Kostenfunktion etwas genauer, dann werden die Gesamtkosten von den allgemeinen fixen Kosten a_0, den produktspezifischen fixen Kosten $a_i F_i$ ($F_i := 0, 1$-Variable), den produktspezifischen variablen Kosten und den variablen Kosten der Interaktion der Ausstoßmengen beeinflusst. Das Vorzeichen des Interaktionsparameters b_5 wird Aufschluss darüber geben, ob Verbundvorteile vermutet werden können. Das Ausmaß an Verbundvorteilen wird allerdings nicht allein vom Parameter b_5, sondern auch von den fixen Kosten und der Mengenkombination beeinflusst. Ermitteln lässt sich das Ausmaß an den Verbundvorteilen wie folgt:

$$V_G(x_1, x_2) = \frac{(a - \frac{1}{2} \cdot b_5 \cdot x_1 \cdot x_2)}{C(x_1, x_2)}, \tag{6.19}$$

wobei $a = a_0 + a_1 + a_2$ die gesamten Fixkosten sind. Verbundvorteile sind vorhanden ($V_G > 0$), wenn $a > \frac{1}{2} \cdot b_5 \cdot x_1 \cdot x_2$ bzw. $b_5 < \frac{2a}{x_1 \cdot x_2}$ ist.

Ebenso einfach lässt sich das Ausmaß der Größenvorteile (globale Skalenerträge) ermitteln. Zunächst dasjenige des Mehr-Produkt-Unternehmens:

$$S_G(x_1, x_2) = \frac{C(x_1, x_2)}{b_1 \cdot x_1 + b_2 \cdot x_2 + b_3 \cdot x_1^2 + b_4 \cdot x_2^2 + b_5 \cdot x_1 \cdot x_2} \tag{6.20}$$

Für $0 < S_G < \infty$ nehmen die Strahlendurchschnittskosten einen U-förmigen Verlauf für irgendeinen Gütervektor auf dem betrachteten Strahl an. Falls $S_G > 1$ sind Größenvorteile auf dem gesamten Strahl vorhanden.

Das Ausmaß der produktspezifischen Größenvorteile lässt sich wie folgt ermitteln:

$$SP_G(x_i) = \frac{a_j - a_i + b_i \cdot x_i + \frac{1}{2} b_{i+2} \cdot x_i^2 + \sum_{j \neq i} b_{ij} \cdot x_i \cdot x_j}{b_i \cdot x_i + b_{i+2} \cdot x_i^2 + \sum_{j \neq i} b_{ij} \cdot x_i \cdot x_j}, \tag{6.21}$$

für $i, j = 1, 2$ und $j \neq i$. Produktspezifische Größenvorteile sind vorhanden, falls $SP_i > 1$ ist. Zur empirischen Ermittlung der Parameter a_i und b_i wurde für 62 Unternehmen die Ausstoßmenge für Bier und AfG sowie die Selbstkosten im Jahre 1980 ermittelt.[3] Von diesen 62 Unternehmen produzieren 42 Unternehmen Bier und AfG, 16 Unternehmen nur Bier

[3]Die Selbstkosten sind die Summe aus Herstellkosten und Vertriebskosten. Die Herstellkosten bilden die Summe aus Materialkosten, Personal-

Tabelle 6.2: Schätzergebnisse

Variable		Parameter	Schätzwerte (t-Werte)
	Fixkosten	a_0	-31,025
F_{Bier}	produktspezifische Fixkosten	a_1	5.497,213 (0,46)
F_{AfG}	produktspezifische Fixkosten	a_2	5.491,937** (2,62)
x_1	Bier	b_1	68,676** (19,67)
x_2	AfG	b_2	7,265** (2,75)
x_1^2	Bier^2	b_3	0,018** (17,40)
x_2^2	AfG^2	b_4	0,046 (1,14)
$x_1 \cdot x_2$	Interaktion	b_5	0,055** (12,63)
**: Signifikant zum 1% Niveau		adj. R^2 :	$0,947$
		F :	$137,221$

und vier Unternehmen nur AfG. Tabelle 6.2 fasst die Ergebnisse der Parameterschätzung zusammen. Die Schätzung wurde mit der Methode der kleinsten Quadrate durchgeführt. Die geschätzten Parameter sind teilweise statistisch hoch signifikant zum 1%-Niveau. Die Parameterwerte b_3 und b_4 der quadratischen Ausstoßvariablen haben beide ein positives Vorzeichen und liegen dicht beim Wert Null. Sie verdeutlichen dadurch, dass die Kostenfunktionen der Unternehmen konvex und sehr flach verlaufen. Demnach existiert ein Ausstoßbereich entlang des Strahls, wo Größenersparnisse erzielt werden können. Ab ei-

kosten und Abschreibungen auf Sachanlagen. Die Vertriebskosten wurden durch die Hälfte der sonstigen Aufwendungen approximiert. Für weitere Einzelheiten sei auf die ausführliche Studie von Schwalbach (1988) verwiesen.

ner bestimmten Ausstoßmenge, die üblicherweise eine effiziente Betriebsgröße konstituiert, ist dann nur noch mit Kostennachteilen zu rechnen.

Der Parameterwert b_5 des Interaktionsausdrucks weist entgegen der Erwartung ein positives Vorzeichen auf. Da dieser Wert dicht bei Null liegt, werden die Komplementaritätvorteile sehr gering sein. Wie groß die Verbundvorteile sein werden, erfährt man, wenn die geschätzen Parameter in die Gleichung (6.17) eingesetzt werden. Tabelle 6.3 fasst die Ergebnisse der Berechnungen zusammen. Sie zeigen unmittelbar, dass Bereiche von Bier/AfG-Kombinationen existieren, die Verbundvorteile erwarten lassen. In den Genuss dieser Vorteile scheinen vornehmlich kleinere MPUs zu kommen, deren Kostenersparnis bei einer Mengenkombination von 300.000 Hektoliter Bier und 50.000 Hektoliter AfG immerhin 27 Prozent der Gesamtkosten betragen kann. Mit zunehmendem Wachstum des MPUs werden die Verbundvorteile immer geringer, und die Verbundnachteile gewinnen immer stärker an Bedeutung. Bei einer Mengenkombination von 4 Mill. Hektoliter Bier und 2 Mill. Hektoliter AfG sind die Kosten des MPUs um 27,3 Prozent höher als die Summe der Kosten spezialisierter Unternehmen.

Tabelle 6.3 zeigt darüberhinaus das Ausmaß der globalen und produktspezifischen Skalenerträge. Demnach ist die Strahlendurchschnittskostenkurve U-förmig. Globale Größenvorteile lassen sich nur auf dem Strahl mit Produktvektoren realisieren, die relativ geringe Ausstoßmengen der beiden Produkte repräsentieren, und zwar solange $S_G > 1$ ist. Ein anderes Bild erhält man bei den produktspezifischen Größenvorteilen. Zwar können für relativ geringe Mengenkombinationen produktspezifische Größenvorteile erwartet werden, aber diese stellen sich auch bei weitgehender Spezialisierung auf nur ein Produkt ein.

Wie können die Ergebnisse interpretiert werden? Sie zeigen, dass Verbundvorteile in erster Linie in Unternehmen mit relativ geringer Gesamtausstoßmenge zu realisieren sind. Dasselbe gilt für globale Größenvorteile. Bei größeren Ausstoßmengen lassen sich dagegen produktspezifische Skalenerträge erzielen. Man könnte zu dem Schluß kommen, dass zahlreiche Brauereiunternehmen diese Abhängigkeit der Verbundvorteile

Tabelle 6.3: Ausmaß der Größenersparnisse

	Verbundvorteile						
AfG/Bier	300	500	1.000	1.500	2.000	3.000	4.000
300	0,218	0,124	0,028	-0,008	-0,026	-0,041	-0,046
500	0,150	0,066	-0,028	-0,057	-0,073	-0,087	-0,087
1.000	0,040	-0,028	-0,110	-0,144	-0,160	-0,171	-0,171
1.500	-0,011	-0,071	-0,154	-0,193	-0,214	-0,229	-0,231
2.000	-0,034	-0,089	-0,173	-0,217	-0,243	-0,267	-0,273
	Globale Größenersparnisse						
AfG/Bier	300	500	1.000	1.500	2.000	3.000	4.000
300	1,166	1,046	0,922	0,863	0,823	0,770	0,734
500	1,004	0,940	0,862	0,820	0,790	0,747	0,717
1.000	0,769	0,763	0,748	0,733	0,721	0,698	0,679
1.500	0,664	0,671	0,676	0,675	0,671	0,661	0,650
2.000	0,611	0,619	0,630	0,635	0,635	0,632	0,626
	Produktspez. Größenersparnisse für Bier						
AfG/Bier	300	500	1.000	1.500	2.000	3.000	4.000
300	0.970	0,952	0,913	0,880	0,851	0,806	0,771
500	0,974	0,957	0,921	0,890	0,864	0,820	0,786
1.000	0,979	0,966	0,937	0,910	0,887	0,848	0,816
1.500	0,982	0,972	0,947	0,924	0,904	0,868	0,839
2.000	0,985	0,976	0,954	0,934	0,916	0,884	0,856
	Produktspez. Größenersparnisse für AfG						
AfG/Bier	300	500	1.000	1.500	2.000	3.000	4.000
300	0,817	0,858	0,910	0,934	0,947	0,963	0,971
500	0,754	0,801	0,865	0,898	0,918	0,941	0,954
1.000	0,670	0,715	0,788	0,831	0,859	0,895	0,916
1.500	0,628	0,668	0,737	0,783	0,815	0,857	0,884
2.000	0,603	0,637	0,702	0,747	0,780	0,826	0,856
Mengenangaben in 1.000 Hektoliter pro Jahr							

und Größenvorteile von Mengenkombinationen antizipiert haben müssen, da alle in der Stichprobe befindlichen Brauereiunternehmen relativ geringe Mengen an AfG eigenproduzieren. Größere Mengen an AfG werden in spezialisierten Unternehmen hergestellt.

6.5 Aufgaben

1. Ein Unternehmen stellt zwei Produkte x_1 und x_2 mit vier Faktoren her. Zur Produktion jedes Gutes steht ihm je ein linear-limitationaler Produktionsprozess zur Verfügung. Nachfolgend sind die Produktionsprozesse durch die Faktoreinsatzfunktionen abgebildet:

Produktionsprozess x_1 :

$$\begin{aligned} r_1 &= 3x_1 \\ r_2 &= 5x_1 \\ r_4 &= 10x_1 \end{aligned}$$

Produktionsprozess x_2 :

$$\begin{aligned} r_1 &= 4,5x_1 \\ r_2 &= 3x_2 \\ r_3 &= 5x_2 \end{aligned}$$

Die Faktormengen von r_1, r_2, r_3, und r_4 sind nur begrenzt vorhanden. Es können maximal folgende Mengen eingesetzt werden:

$$\begin{aligned} r_1 &= 450 \\ r_2 &= 600 \\ r_3 &= 400 \\ r_4 &= 1000 \end{aligned}$$

a) Zunächst sei angenommen, dass das Unternehmen entweder *ausschließlich* x_1 oder *ausschließlich* x_2 produziert. Ermitteln Sie, wie viele Einheiten das Unternehmen maximal von x_1 bzw. x_2 bei den gegebenen Faktorrestriktionen herstellen kann.
b) Stellen Sie in einem x_1, x_2 Diagramm den Produktionsmöglichkeitsraum dar. Stellen Sie dafür zunächst die Produktrestriktionen auf.
c) Die Produkte haben die Deckungsbeiträge $d_1 = d_2 = 5$. Stellen Sie die Gleichung für die Gewinnisoquante auf, und ermitteln Sie graphisch die gewinnmaximierende Kombination von x_1 und x_2.

Kapitel 7

Lösungen zu den Aufgaben

7.1 Lösungen zu Kapitel 1.3.2

Aufgabe 1

a) Produktiviät:

$$\frac{x}{r_1} = 2r_1r_2 + \frac{1}{2}\frac{r_3}{r_1}; \quad \frac{x}{r_2} = 2r_1^2 + \frac{1}{2}\frac{r_3}{r_2}; \quad \frac{x}{r_3} = 2\frac{r_1^2 r_2}{r_3} + \frac{1}{2}$$

Produktionskoeffizient:

$$\frac{r_1}{x} = \frac{r_1}{2r_1^2r_2 + \frac{1}{2}r_3}; \quad \frac{r_2}{x} = \frac{r_2}{2r_1^2r_2 + \frac{1}{2}r_3}; \quad \frac{r_3}{x} = \frac{r_3}{2r_1^2r_2 + \frac{1}{2}r_3}$$

Grenzproduktivität:

$$\frac{\partial x}{\partial r_1} = 4r_1r_2; \quad \frac{\partial x}{\partial r_2} = 2r_1^2; \quad \frac{\partial x}{\partial r_3} = \frac{1}{2}$$

Produktionselastizität:

$$\varepsilon_1 = \frac{4r_1^2r_2}{2r_1^2r_2 + \frac{1}{2}r_3}; \quad \varepsilon_2 = \frac{2r_1^2r_2}{2r_1^2r_2 + \frac{1}{2}r_3}; \quad \varepsilon_3 = \frac{\frac{1}{2}r_3}{2r_1^2r_2 + \frac{1}{2}r_3}$$

b) Die Funktion wird beispielhaft für $r_1 = r_3 = 1$ gezeichnet, siehe Abbildung 7.1.
c) λ kann nicht vollkommen ausgeklammert werden. Daher handelt es sich um eine inhomogene Produktionsfunktion.

Aufgabe 2

a) $\frac{\partial x}{\partial r_1} = 3$

b) Eine positive Grenzproduktivität des Faktors 1 besagt, dass bei einer Erhöhung der Einsatzmenge von r_1 die Ausbringungsmenge ebenfalls zunimmt. Es gibt auch Fälle, in denen die Grenzproduktivität negativ ist (z.B. Überdüngung).

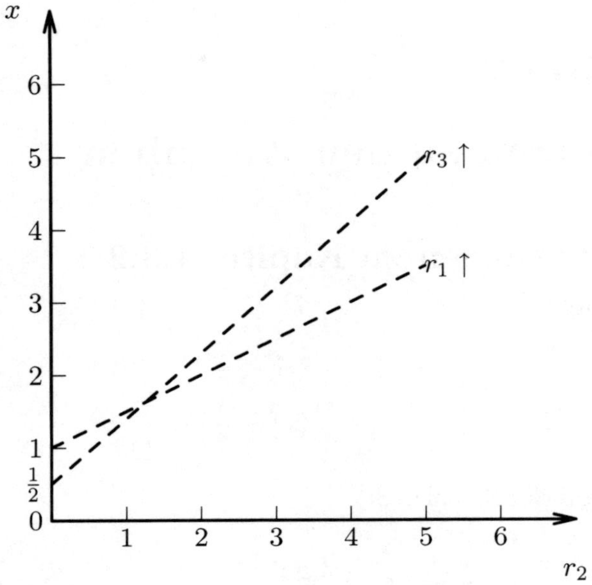

Abbildung 7.1: Lösung Teilaufgabe b)

c) $\frac{\partial\left(\frac{\partial x}{\partial r_1}\right)}{\partial r_1} = \frac{\partial^2 x}{\partial r_1^2} = 0$

Die Grenzproduktivität des Faktors 1 ist konstant und ändert sich somit bei einer Variation von r_1 nicht!

d) $dx = \frac{\partial x}{\partial r_2} \cdot dr_2 = 2 \cdot 0,1 = 0,2.$

Aufgabe 3

a) $dx = \frac{\partial x}{\partial r_1} dr_1 + \frac{\partial x}{\partial r_2} dr_2 = \frac{1}{2}\frac{\sqrt{r_2}}{\sqrt{r_1}} dr_1 + \frac{1}{2}\frac{\sqrt{r_1}}{\sqrt{r_2}} dr_2 = 1$

b) $\varepsilon_1 = \frac{\partial x}{\partial r_1}\frac{r_1}{x} = \frac{1}{2}\frac{\sqrt{r_2}}{\sqrt{r_1}}\frac{r_1}{\sqrt{r_1 r_2}} = \frac{1}{2}.$

Dies besagt, dass die Ausbrinungsmenge um 0,5% steigt, wenn man die Einsatzmenge des Faktors 1 um 1% erhöht.

Aufgabe 4

a) $x = 1,5 \cdot \lambda \cdot r_1 \sqrt{\lambda r_2}$

$= \lambda^{1,5} 1,5 r_1 \sqrt{r_2}$

$\Longrightarrow$ Die Funktion ist homogen vom Grad $t = 1,5$ (überlinearhomogen).

b) $x = 1,5 \cdot \lambda r_1 + \sqrt{\lambda r_2}$
$= \sqrt{\lambda} \cdot \left(1,5 \cdot \sqrt{\lambda} r_1 + \sqrt{r_2}\right)$
$\Longrightarrow$ Die Funktion ist nicht homogen.

c) $x = 1,5 \cdot \lambda \cdot r_1 + \lambda \cdot r_2$
$= \lambda \cdot (1,5 r_1 + r_2)$
$\Longrightarrow$ Die Funktion ist homogen vom Grad $t = 1$ (linearhomogen).

d) $x = 1,5 \cdot \lambda r_1 \sqrt{\lambda r_2} + \sqrt{(\lambda r_2)^3}$
$= 1,5 \cdot \lambda^{1,5} r_1 \sqrt{r_2} + \lambda^{1,5} \sqrt{r_2^3}$
$= \lambda^{1,5} \cdot \left(1,5 r_1 \sqrt{r_2} + \sqrt{r_2^3}\right)$
$\Longrightarrow$ Die Funktion ist homogen vom Grad $t = 1,5$ (überlinearhomogen).

e) $x = \frac{1,5\lambda r_1 \sqrt{\lambda r_2}}{\sqrt{\lambda r_1 + \lambda r_2}}$
$= \frac{\lambda^{1,5} 1,5 r_1 \sqrt{r_2}}{\lambda^{0,5} \sqrt{r_1 + r_2}}$
$= \lambda \frac{1,5 r_1 \sqrt{r_2}}{\sqrt{r_1 + r_2}}$
$\Longrightarrow$ Die Funktion ist homogen vom Grad $t = 1$ (linearhomogen).

Aufgabe 5

i)

a) $\frac{\partial x}{\partial r_2} = 0,75 \frac{r_1}{\sqrt{r_2}}$; b) $\frac{\partial x}{\partial r_2} = 0,5 \frac{1}{\sqrt{r_2}}$ c) $\frac{\partial x}{\partial r_2} = 1$
d) $\frac{\partial x}{\partial r_2} = 0,75 \frac{r_1}{\sqrt{r_2}} + 1,5\sqrt{r_2}$

ii)

a) $\frac{\partial^2 x}{\partial r_2^2} = -0,375 r_1 \cdot r_2^{-1,5}$ b) $\frac{\partial^2 x}{\partial r_2^2} = -0,25 r_2^{-1,5}$
c) $\frac{\partial^2 x}{\partial r_2^2} = 0$ d) $\frac{\partial^2 x}{\partial r_2^2} = -0,375 r_1 \cdot r_2^{-1,5} + 0,75 r_2^{-0,5}$

iii)

a) $dx = \frac{\partial x}{\partial r_1} dr_1 = 0,3 \cdot \sqrt{r_2}$ b) $dx = 0,3$ c) $dx = 0,3$
d) $dx = 0,3\sqrt{r_2}$

iv)

a) $dx = \frac{\partial x}{\partial r_1} dr_1 + \frac{\partial x}{\partial r_2} dr_2 = 2,25$ b) $dx = 2$
c) $dx = 2,5$ d) $dx = 3,75$

v)

a) $\varepsilon_1 = \frac{\partial x}{\partial r_1} \frac{r_1}{x} = 1$ b) $\varepsilon_1 = 0,809$
c) $\varepsilon_1 = 0,75$ d) $\varepsilon_1 = 0,75$

Aufgabe 6

a) $x = 9 + 2 \cdot 9^{0,5} \cdot 1^2 + 4 = 19$

Faktor 1: $\varepsilon_1 = \frac{dx}{dr_1} \cdot \frac{r_1}{x} = \left(1 + \frac{r_2^2}{r_1^{0,5}}\right) \frac{r_1}{x} = \frac{12}{19}$

Faktor 2: $\varepsilon_2 = \frac{dx}{dr_2} \cdot \frac{r_2}{x} = \left(2r_1^{0,5} 2r_2\right) \frac{r_2}{x} = \frac{12}{19}$

Faktor 3: $\varepsilon_3 = \frac{dx}{dr_3} \cdot \frac{r_3}{x} = 1 \cdot \frac{r_3}{x} = \frac{4}{19}$

b) Faktor 1: $\frac{x}{r_1} = \frac{19}{9}$

Faktor 2: $\frac{x}{r_2} = \frac{19}{1} = 19$

Faktor 3: $\frac{x}{r_3} = \frac{19}{4} = 4,75$

c) Überprüfung auf Homogenität:

$$x = \lambda r_1 + 2(\lambda r_1)^{0,5} (\lambda r_2)^2 + \lambda r_3$$

$\Longrightarrow$ Die Funktion ist an keiner Stelle homogen.

Aufgabe 7

Verlangt sind s_{ij} und s_{ji}. ($s_{ji} = \frac{1}{s_{ij}}$)

$$r_i = \frac{x^2}{r_j}$$

Grenzrate der Substitution:

$$s_{ij} = -\frac{dr_i}{dr_j} = -\left(-\frac{x^2}{r_j^2}\right)$$

mit $r_j = 1$ und $r_i = 4 \Longrightarrow x = 1^{0,5} \cdot 4^{0,5} = 2$

$$\begin{aligned} s_{ij} &= \frac{2^2}{1^2} = 4 \\ &\rightarrow \quad s_{ji} = \frac{1}{s_{ij}} = \frac{1}{4} \end{aligned}$$

Aufgabe 8

$$\begin{aligned} r_1 &= \frac{x}{2} - \frac{3}{2} r_2 \\ s_{12} &= -\frac{dr_1}{dr_2} = \frac{3}{2} \end{aligned}$$

Aufgabe 9
Isoquantengleichung:

$$\begin{aligned} x &= r_1 (4 + 2r_2) \\ &\Leftrightarrow \quad r_1 = \frac{x}{(4 + 2r_2)} \end{aligned}$$

Grenzrate der Substitution:

$$\frac{dr_1}{dr_2} = -\frac{1}{2} \frac{x}{(2 + r_2)^2} = -\frac{1}{2} \frac{20}{(2 + r_2)^2}$$

$$\begin{aligned} s_{12} &= -\frac{dr_1}{dr_2} = 0,4 \\ &\Leftrightarrow \quad \frac{1}{2} \frac{20}{(2 + r_2)^2} = 0,4 \\ (2 + r_2)^2 &= \frac{20}{0,8} = 25 \\ r_2 &= 3 \\ r_1 &= \frac{20}{(4 + 2 \cdot 3)} = 2 \end{aligned}$$

7.2 Lösungen zu Kapitel 1.4.2

Aufgabe 1

Die Kostenfunktion gibt für jede Ausbringungsmenge an, wie hoch die dafür anfallenden minimalen Kosten sind. Nicht jede effiziente Produktionsalternative ist auch kostenminimal. Jede kostenminimale Produktionsalternative ist hingegen auch effizient.

Aufgabe 2

- Fixe Kosten verändern sich bei einer Variation der Ausbringungsmenge nicht. Ein Beispiel dafür ist die Miete für das Fabriksgebäude.
- Sprungfixe Kosten sind bereichsweise konstant. Werden bestimmte Ausbringungsmengen überschritten, so steigen die Kosten sprunghaft an. Ein Beispiel für sprungfixe Kosten sind die Leasingkosten für Maschinen. Diese sind solange konstant, solange die vorhandene Produktionskapazität nicht überschritten wird. Sobald die vorhandene Kapazität überschritten wird, muss eine zusätzliche Maschine geleast werden, was zu einem sprunghaften Anstieg der Fixkosten führt. Im Zusammenhang mit sprungfixen Kosten wird oft das Phänomen der Kostenremanenz beobachtet. Obwohl die Ausbringungsmenge zurückgeht, bleiben die Kosten konstant. In dem beschriebenen Beispiel kann dies daran liegen, dass der Leasingvertrag kurzfristig nicht gekündigt werden kann.
- Variable Kosten variieren mit einer Veränderung der Ausbringungsmenge.

Je länger der Zeitraum gewählt wird, desto mehr Kostenarten werden zu variablen Kosten. Beispielsweise sind Personalkosten aufgrund des Kündigungsschutzes oftmals kurzfristig fix. Längerfristig kann Personal jedoch eingestellt oder entlassen werden, was zu variablen Kosten führt.

Aufgabe 3

- Gesamtkosten sind die Kosten, die bei der Produktion insgesamt anfallen.
- Fixkosten verändern sich bei einer Variation der Ausbringungsmenge nicht.
- Variable Kosten sind direkt von der produzierten Menge abhängig.
- Die Grenzkosten geben an, wie sich die Kosten bei einer marginalen Erhöhung der Ausbrinungsmenge verändern.
- Die Durchschnittskosten geben an, wie viel durchschnittlich eine Einheit des Ausbringungsgutes kostet.

Aufgabe 4
a), b) vgl. Abbildung 7.2

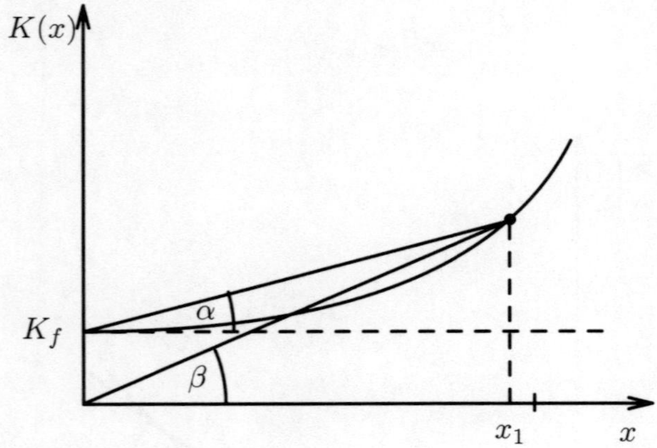

Abbildung 7.2: Lösung zu Teilaufgabe a) und b)

Variable Durchschnittskosten: $\tan \alpha$
Fixe Durchschnittskosten: $\tan \beta$

c) Grenzkosten: $\tan \gamma$, vgl. Abbildung 7.3

d) Variable Durchschnittskostenfunktion:

$$k_v(x) = 2x + 1,5$$

Grenzkostenfunktion:

$$\frac{\partial K}{\partial x} = 4x + 1,5$$

Aufgabe 5

a)

$$\begin{aligned} K &= q_1 r_1 + q_2 r_2 \\ &= 3r_1 + 4_2 \\ \Leftrightarrow & \quad r_1 = \frac{\bar{K}}{3} - \frac{4}{3} r_2 \end{aligned}$$

b) Siehe Abbildung 7.4.

Aufgabe 6

$$K'(x) = 0,5x + 3$$

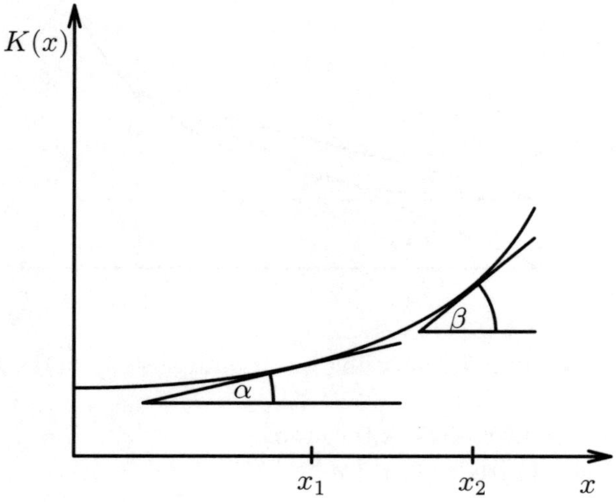

Abbildung 7.3: Lösung Teilaufgabe c)

Gesucht: $k_v(x)$

$$
\begin{aligned}
K(x) &= \int K'(x)dx \\
&= \int (0,5x+3)dx \\
&= 0,25x^2 + 3x + K_{fix} \\
K_v(x) &= 0,25x^2 + 3x \\
k_v(x) &= \frac{K_v(x)}{x} = \frac{0,25x^2+3x}{x} \\
k_v(x) &= 0,25x + 3
\end{aligned}
$$

Zusammenhang zwischen Grenz- und variablen Durchschnittskosten:

- für $x = 0$ sind sowohl Grenz- als auch Durchschnittskosten 3.
- die Grenzkostenfunktion verläuft mit doppelter Steigung (0,5) verglichen mit der variablen Durchschnittskostenfunktion (0,25).

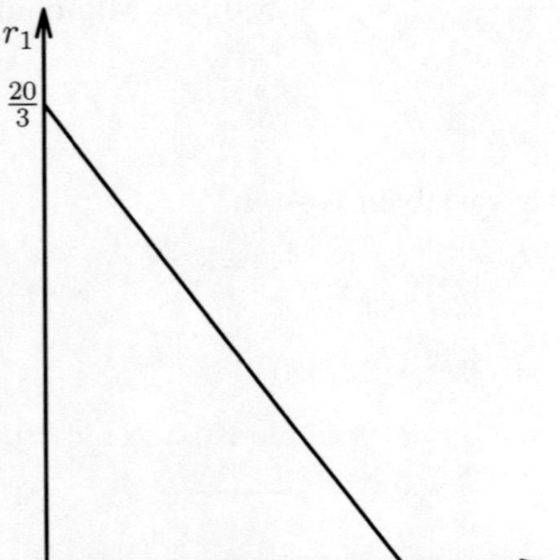

Abbildung 7.4: Lösung zu Teilaufgabe

Aufgabe 7

a)

$$\begin{aligned}
K'(x) &= \frac{10}{3} \cdot 3 \cdot x^2 - 4x \\
\frac{\partial K'(x)}{\partial x} &= 20x - 4 = 0 \\
x &= \frac{1}{5} \\
\frac{\partial^2 K'(x)}{\partial x^2} &= 20 > 0 \Longrightarrow \text{Minimum}
\end{aligned}$$

b)

$$\begin{aligned}
K_v(x) &= \frac{10}{3}x^3 - 2x^2 \\
k_v(x) &= \frac{K_v(x)}{x} = \frac{10}{3}x^2 - 2x \\
\frac{\partial k_v(x)}{\partial x} &= \frac{10}{3} \cdot 2 \cdot x - 2 = 0 \\
x &= \frac{3}{10} \\
\frac{\partial^2 k_v(x)}{\partial x^2} &= \frac{20}{3} > 0 \Longrightarrow \text{Minimum}
\end{aligned}$$

Aufgabe 8

a) Minimum der variablen Kosten?

$$\begin{aligned}
K_v &= 2x^3 - x^2 \\
\frac{\partial K_v}{\partial x} &= 6x^2 - 2x = 0 \\
x_1 &= 0 \Longrightarrow \text{variable Kosten nicht definiert} \\
x_2 &= \frac{1}{3} \\
\frac{\partial^2 K_v}{\partial x^2} &= 12x - 2 \\
x_2 &: \quad 12 \cdot \frac{1}{3} - 2 = 2 > 0 => \text{ Minimum}
\end{aligned}$$

b) Minimum der Grenzkosten?

$$\begin{aligned}
\frac{\partial K}{\partial x} &= 6x^2 - 2x \\
\frac{\partial^2 K}{\partial x^2} &= 12x - 2 = 0 \\
x &= \frac{1}{6} \\
\frac{\partial^3 K}{\partial x^3} &= 12 > 0 \;\; => \;\; \text{Minimum}
\end{aligned}$$

c) Minimum der variablen Durchschnittskosten?

$$\begin{aligned}
k_v(x) &= \frac{K_v(x)}{x} = \frac{2x^3 - x^2}{x} = 2x^2 - x \\
\frac{\partial k_v}{\partial x} &= 4x - 1 = 0 \\
x &= \frac{1}{4} \\
\frac{\partial^2 k_v}{\partial x^2} &= 4 > 0 => \;\; \text{Minimum}
\end{aligned}$$

Aufgabe 9

a) Variable Stückkosten:

$$k_v\,(10) = 4 \cdot 10^2 - 10 = 390$$

b) Grenzkosten:

$$K'\,(10) = 12 \cdot 10^2 - 2 \cdot 10 = 1180$$

c) Durchschnittliche Fixkosten:

$$k_f = \frac{25}{10} = 2,5$$

d) Minimum der Grenzkosten:

$$\begin{aligned}
\frac{\partial K'}{\partial x} &= 24x - 2 = 0 \\
x &= \frac{1}{12} \\
\frac{\partial^2 K'}{\partial x^2} &= 24 > 0 \Longrightarrow \text{Minimum}
\end{aligned}$$

Minimum der variablen Kosten:

$$\begin{aligned}
\frac{\partial K_v}{\partial x} &= 12x^2 - 2x = 0 \\
x\,(12x - 2) &= 0 \\
x_1 &= 0 \Longrightarrow \text{variable Kosten nicht definiert} \\
x_2 &= \frac{1}{6} \\
\frac{\partial^2 K_v}{\partial x^2} &= 24x - 2 \\
24x_2 - 2 &= 2 > 0 \Longrightarrow \text{Minimum}
\end{aligned}$$

7.3 Lösungen zu Kapitel 2.1.4

Aufgabe 1

a) Siehe Abbildung 7.5.

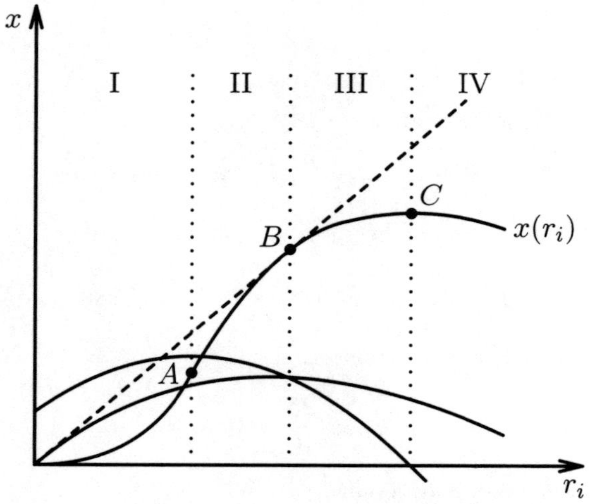

Abbildung 7.5: Lösung Teilaufgabe a)

b) Siehe Abbildung 7.6.

Durchschnittsproduktivität: $\tan\alpha$

Grenzproduktivität: $\tan\beta$

Durchschnittsproduktivität:

Die Durchschnittproduktivität in einem Punkt kann mit Hilfe des Winkels des Fahrstrahls durch diesen Punkt gemessen werden:

$$\tan\alpha = \frac{x}{r_i}$$

Macht man dies für mehrere Produktionspunkte, so erhält man den Verlauf der Durchschnittsproduktivität, wie er weiter oben abgebildet ist.

Grenzproduktivität:

Die Grenzproduktivität in einem Punkt kann mit Hilfe des Winkels der Tangente an diesen Punkt gemessen werden:

$$\tan\beta = \frac{\partial x}{\partial r_i}$$

Macht man dies für mehrere Produktionspunkte, so erhält man den Verlauf der Grenzproduktivität, wie er weiter oben abgebildet ist.

c) Die Durchschnitts- und die Grenzproduktivitätsfunktion

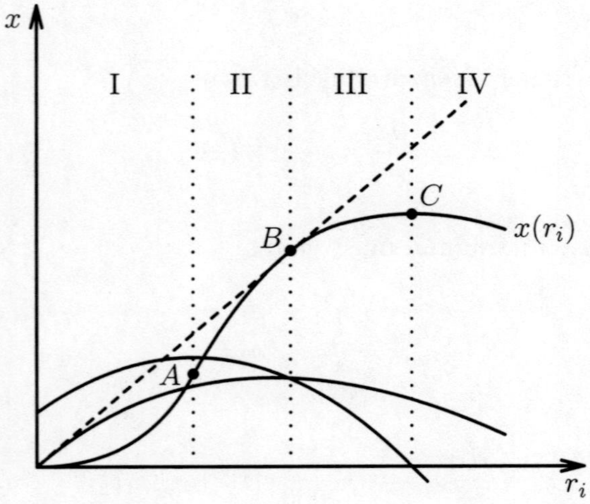

Abbildung 7.6: Lösung Teilaufgabe b)

schneiden sich, wenn gilt:

$$\tan\alpha = \tan\beta$$

Dies bedeutet, dass der Fahrstrahl in diesem Punkt zur Tangente wird:
In der Graphik sieht man, dass dies genau im Punkt M der Fall ist. Weiter erkennt man, dass im Punkt M die Steigung des Fahrstrahls maximal ist. Dies bedeutet, dass die Durchschnittsproduktivität hier maximal ist. Somit schneidet die Grenzproduktivitätsfunktion die Durchschnittsproduktivitätsfunktion in ihrem Maximum.

Aufgabe 2

a) $r_2 = 10$

Kurve partieller Erträge:

$$\begin{aligned} x &= -\frac{1}{2000}r_1^3 \cdot 10^3 + \frac{1}{25}r_1^2 \cdot 10^2 \\ x &= -\frac{1}{2}r_1^3 + 4r_1^2 \end{aligned}$$

Kurve partieller Durchschnittserträge:

$$\frac{x}{r_1} = -\frac{1}{2}r_1^2 + 4r_1$$

Kurve partieller Grenzproduktivitäten:

$$\frac{\partial x}{\partial r_1} = -\frac{3}{2}r_1^2 + 8r_1$$

b) Im Kostenminimum muss gelten:

$$\frac{\frac{\partial x}{\partial r_1}}{\frac{\partial x}{\partial r_2}} = \frac{q_1}{q_2}$$

Mit

$$\begin{aligned} \frac{\partial x}{\partial r_1} &= -\frac{3}{2000}r_1^2 r_2^3 + \frac{2}{25}r_1 r_2^2 \\ \frac{\partial x}{\partial r_1} &= -\frac{3}{2000}r_1^3 r_2^2 + \frac{2}{25}r_1^2 r_2 \end{aligned}$$

folgt:

$$\begin{aligned}
\frac{-\frac{3}{2000}r_1^2r_2^3 + \frac{2}{25}r_1r_2^2}{-\frac{3}{2000}r_1^3r_2^2 + \frac{2}{25}r_1^2r_2} &= \frac{q_1}{q_2} \\
\frac{r_2\left(-\frac{3}{2000}r_1^2r_2^2 + \frac{2}{25}r_1r_2\right)}{r_1\left(-\frac{3}{2000}r_1^2r_2^2 + \frac{2}{25}r_1r_2\right)} &= \frac{q_1}{q_2} \\
\frac{r_2}{r_1} &= \frac{15}{10} \\
r_2 &= 1,5 \cdot r_1
\end{aligned}$$

Aufgabe 3
Herleitung siehe oben. Erhöht man den Faktorpreis des variablen Faktors, so dreht sich die Kostenfunktion um die Fixkosten nach oben.

Aufgabe 4
a) Grenzkostenfunktion:

$$\frac{\partial K}{\partial x} = 0,9x^2 - 16x + 75$$

Gesamte Durchschnittskostenfunktion:

$$\frac{K(x)}{x} = 0,3x^2 - 8x + 75 + \frac{500}{x}$$

Variable Durchschnittskostenfunktion:

$$\frac{K_v(x)}{x} = 0,3x^2 - 8x + 75$$

Fixe Durchschnittskostenfunktion:

$$\frac{K_f}{x} = \frac{500}{x}$$

b) *Die Grenzkostenfunktion schneidet die variable Durchschnittskostenfunktion in ihrem Minimum.*
Beweis:
Minimum der variablen Durchschnittskostenfunktion:

$$\begin{aligned}
\frac{\partial k_v}{\partial x} &= 0,6x - 8 = 0 \\
x &= \frac{40}{3}
\end{aligned}$$

Schnittpunkt zwischen Grenz- und variabler Durchschnittskostenfunktion:

$$\begin{aligned}\frac{K_v(x)}{x} &= \frac{\partial K}{\partial x}\\ 0,3x^2 - 8x + 75 &= 0,9x^2 - 16x + 75\\ x &= \frac{40}{3}\ q.e.d.\end{aligned}$$

Die Grenzkostenfunktion schneidet die gesamte Durchschnittskostenfunktion in ihrem Minimum.
Beweis:
Minimum der gesamten Durchschnittskostenfunktion:

$$\frac{\partial k}{\partial x} = 0,6x - 8 - \frac{500}{x}$$

Schnittpunkt der Grenz- mit der gesamten Durchschnittskostenfunktion:

$$\begin{aligned}\frac{K(x)}{x} &= \frac{\partial K}{\partial x}\\ 0,3x^2 - 8x + 75 + \frac{500}{x} &= 0,9x^2 - 16x + 75\\ 0,6x^2 - 8x - \frac{500}{x} &= 0\ q.e.d.\end{aligned}$$

Da Minimums- und Schnittpunktsbedingung identisch sind, wurde obige Aussage bewiesen.
Betriebsminimum:

$$x = \frac{40}{3}$$

7.4 Lösungen zu Kapitel 2.2.4

Aufgabe 1

a) Durschnittsproduktivität:

$$\begin{aligned}\frac{x}{r_1} &= 3\frac{r_2^{0,5} r_3^{0,2}}{r_1^{0,7}}\\ \frac{x}{r_2} &= 3\frac{r_1^{0,3} r_3^{0,2}}{r_2^{0,5}}\\ \frac{x}{r_3} &= 3\frac{r_1^{0,3} r_2^{0,5}}{r_3^{0,8}}\end{aligned}$$

Partielle Grenzproduktivität:

$$\begin{aligned}\frac{\partial x}{\partial r_1} &= 0,9\frac{r_2^{0,5}r_3^{0,2}}{r_1^{0,7}}\\ \frac{\partial x}{\partial r_2} &= 1,5\frac{r_1^{0,3}r_3^{0,2}}{r_2^{0,5}}\\ \frac{\partial x}{\partial r_3} &= 0,6\frac{r_1^{0,3}r_2^{0,5}}{r_3^{0,8}}\end{aligned}$$

Zusammenhang zwischen Grenz- und Durschnittsproduktivität:

$$\begin{aligned}\frac{\partial x}{\partial r_1} &= 0,3\frac{x}{r_1}\\ \frac{\partial x}{\partial r_2} &= 0,5\frac{x}{r_2}\\ \frac{\partial x}{\partial r_3} &= 0,2\frac{x}{r_3}\end{aligned}$$

Die Grenz- und Durchschnittsproduktivität verlaufen proportional, wobei die Grenzproduktivität immer kleiner als die Durchschnittsproduktivität ist.

b) Verlauf der Grenzproduktivitäten:

$$\begin{aligned}\frac{\partial^2 x}{\partial r_1^2} &= -0,63\frac{r_2^{0,5}r_3^{0,2}}{r_1^{1,7}} < 0\\ \frac{\partial^2 x}{\partial r_2^2} &= -0,75\frac{r_1^{0,3}r_3^{0,2}}{r_2^{1,5}} < 0\\ \frac{\partial^2 x}{\partial r_3^2} &= -0,48\frac{r_1^{0,3}r_2^{0,5}}{r_3^{1,8}} < 0\end{aligned}$$

Für alle drei Faktoren liegen abnehmende Grenzproduktivitäten vor.

c) Produktionselastizität:

$$\begin{aligned}\varepsilon_1 &= 0,3\\ \varepsilon_2 &= 0,5\\ \varepsilon_3 &= 0,2\end{aligned}$$

d) Partielles Grenzprodukt des Faktor 1:

$$\begin{aligned} dx &= \frac{\partial x}{\partial r_1} dr_1 \\ &= 0,3 \frac{x}{r_1} dr_1 \\ \text{Mit } x &= 5,29 \\ dx &= 1,59 \end{aligned}$$

e) Totales Grenzprodukt:

$$\begin{aligned} dx &= \frac{\partial x}{\partial r_1} dr_1 + \frac{\partial x}{\partial r_2} dr_2 + \frac{\partial x}{\partial r_3} dr_3 \\ &= 0,3 \frac{x}{r_1} dr_1 + 0,5 \frac{x}{r_2} dr_2 + 0,2 \frac{x}{r_3} dr_3 \\ \text{Mit } x &= 5,29 \\ dx &= 3,26 \end{aligned}$$

f) Skalenelastizität:

$$\frac{\partial x}{\partial \lambda} \frac{\lambda}{x} = 1$$

Die Skalenelastizität gibt an, um wie viel Prozent sich die Ausbringungsmenge verändert, wenn das Produktionsniveau um 1% erhöht wird. In diesem Fall steigt die Ausbringungsmenge um 1%, wenn das Produktionsniveau um 1% angehoben wird.

g) Grenzrate der Substitution s_{13} :

$$\begin{aligned} s_{13} &= -\frac{dr_1}{dr_3} = \frac{\frac{\partial x}{\partial r_3}}{\frac{\partial x}{\partial r_1}} \\ &= \frac{0,2 \frac{x}{r_3}}{0,3 \frac{x}{r_1}} \\ &= \frac{2}{3} \frac{r_1}{r_3} \end{aligned}$$

Grenzrate der Substitution s_{32} :

$$\begin{aligned} s_{32} &= -\frac{dr_3}{dr_2} = \frac{\frac{\partial x}{\partial r_2}}{\frac{\partial x}{\partial r_3}} \\ &= \frac{0,5\frac{x}{r_2}}{0,2\frac{x}{r_3}} \\ &= 2,5\frac{r_3}{r_2} \end{aligned}$$

Aufgabe 2

a) Durchschnittsproduktivität:

$$\begin{aligned} \frac{x}{r_2} &= \frac{2r_1^{0,4}r_2^{0,6}}{r_2} = 2\left(\frac{r_1}{r_2}\right)^{0,4} \\ &= 2\left(\frac{2}{4}\right)^{0,4} \\ &= 1,5157 \end{aligned}$$

Grenzproduktivität:

$$\begin{aligned} \frac{\partial x}{\partial r_2} &= 0,6 \cdot \frac{x}{r_2} \\ &= 0,6 \cdot 1,5157 \\ &= 0,90942 \end{aligned}$$

b) Isoquantengleichung für $x = 5$:

$$\begin{aligned} 5 &= 2r_1^{0,4}r_2^{0,6} \\ r_2 &= \frac{2,5^{\frac{5}{3}}}{r_1^{\frac{2}{3}}} = \frac{4,605}{r_1^{\frac{2}{3}}} \end{aligned}$$

Graphische Darstellung siehe Abbildung 7.7.

c) $\varepsilon_1 = 0,4, \quad \varepsilon_2 = 0,6$

Die Produktionselastitzität gibt die prozentuale Veränderung der Ausbringungsmenge an, wenn die Einsatzmenge eines Faktors um 1% erhöht wird.

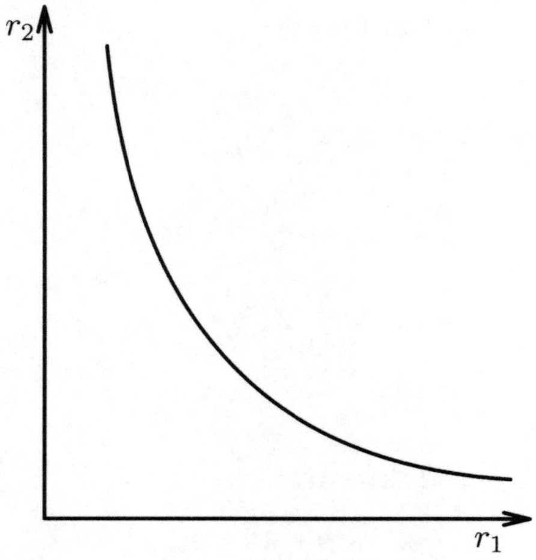

Abbildung 7.7: Lösung zu Teilaufgabe b)

Aufgabe 3

a)

$$\begin{aligned} x &= 50 \cdot (\lambda r_1)^{0,5} (\lambda r_2)^{0,3} (\lambda r_3)^{0,2} \\ x &= \lambda \cdot 50 r_1^{0,5} r_2^{0,3} r_3^{0,2} \\ \frac{dx}{d\lambda} \cdot \frac{\lambda}{x} &= 1 \end{aligned}$$

Es liegen konstante Skalenerträge vor.

b)

$$x = 50 \cdot 2^{0,5} \cdot 2^{0,3} \cdot 4^{0,2} = 114,87$$

$$\begin{aligned} \frac{\partial x}{\partial r_1} &= 0,5 \cdot \frac{x}{r_1} = 0,5 \cdot \frac{114,87}{2} = 28,\ 718 \\ \frac{\partial x}{\partial r_2} &= 0,3 \cdot \frac{x}{r_2} = 0,3 \cdot \frac{114,87}{2} = 17,\ 231 \\ \frac{\partial x}{\partial r_3} &= 0,2 \cdot \frac{x}{r_3} = 0,2 \cdot \frac{114,87}{4} = 5,\ 743\,5 \end{aligned}$$

c)

r_1 :

$$\begin{aligned}\frac{\partial x}{\partial r_1} &= 25\frac{r_2^{0,3}r_3^{0,2}}{r_1^{0,5}}\\ \frac{\partial^2 x}{\partial r_1^2} &= -12,5\cdot\frac{r_2^{0,3}r_3^{0,2}}{r_1^{1,5}} < 0\end{aligned}$$

r_2 :

$$\begin{aligned}\frac{\partial x}{\partial r_2} &= 15\frac{r_1^{0,5}r_3^{0,2}}{r_2^{0,7}}\\ \frac{\partial^2 x}{\partial r_2^2} &= -10,5\cdot\frac{r_1^{0,5}r_3^{0,2}}{r_2^{1,7}} < 0\end{aligned}$$

r_3 :

$$\begin{aligned}\frac{\partial x}{\partial r_3} &= 10\frac{r_1^{0,5}r_2^{0,3}}{r_3^{0,8}}\\ \frac{\partial^2 x}{\partial r_3^2} &= -8\cdot\frac{r_1^{0,5}r_2^{0,3}}{r_3^{1,8}}\end{aligned}$$

Da die zweite Ableitung für alle drei Faktoren negativ ist, liegen jeweils durchgehend abnehmende Grenzerträge vor.

d) $\varepsilon_1 = 0,5;\ \ \varepsilon_2 = 0,3;\ \ \varepsilon_3 = 0,2$
Da die Produktionselastizitäten konstant sind, sind sie auch unabhängig von der Ausbringungsmenge.

Aufgabe 4
Berechnung von r_2:

$$\begin{aligned}r_2 &= \left(\frac{x}{r_1^{0,3}}\right)^{\frac{5}{4}}\\ &= \left(\frac{5}{1^{0,3}}\right)^{\frac{5}{4}}\\ r_2 &= 7,477\end{aligned}$$

a) Partielle Grenzproduktivitäten:

$$\begin{aligned}\frac{\partial x}{\partial r_1} &= 0,3 \cdot \frac{x}{r_1} = 0,3 \cdot \frac{5}{1} \\ &= 1,5 \\ \frac{\partial x}{\partial r_2} &= 0,8 \cdot \frac{x}{r_2} = 0,8 \cdot \frac{5}{7,477} \\ &= 0,535\end{aligned}$$

b) Totales Grenzprodukt (angenommen $dr_1 = dr_2 = 1$):

$$\begin{aligned}dx &= \frac{\partial x}{\partial r_1} dr_1 + \frac{\partial x}{\partial r_2} dr_2 \\ &= 1,5 \cdot 1 + 0,535 \cdot 1 \\ &= 2,035\end{aligned}$$

c)

$$\varepsilon_1 = \frac{\partial x}{\partial r_1} \frac{r_1}{x} = 0,3$$

d)

$$t = 0,3 + 0,8 = 1,1$$

Aufgabe 5

a) Isoquantengleichung:

$$r_1 = \frac{16}{r_2}$$

Graphische Darstellung siehe Abbildung 7.8

b) Gleichung der Kostenisoquante:

$$r_1 = 5 - \frac{5}{3} r_2$$

Graphische Darstellung siehe Abbildung 7.8

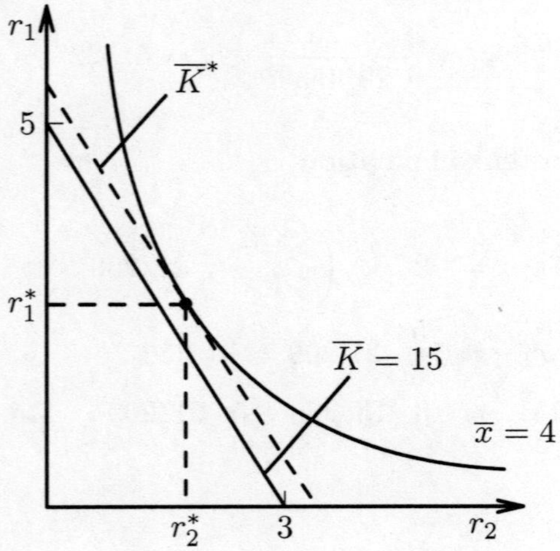

Abbildung 7.8: Lösung zu Teilaufgabe a) bis c)

c) Lösung siehe Abbildung 7.8

d) Minimalkostenkombination:

$$\begin{aligned} r_1 &= 5,16 \\ r_2 &= 3,10 \\ K(4) &= 31,00 \end{aligned}$$

Graphische Darstellung siehe Abbildung 7.8

e) Berechnung der Kostenfunktion:

$$K(x) = 7,75x$$

Aufgabe 6
Berechnung der Kostenfunktion:

$$K(x) = 5,265 \cdot x^{\frac{5}{6}}$$

Aufgabe 7
a)

$$r_2 = \left(\frac{16}{3}\right)^{\frac{3}{11}} \cdot 25^{\frac{10}{11}} = 29,453$$

$$r_1 = \left(\frac{25}{29,453^{0,8}}\right)^{\frac{10}{3}} = 5,522$$

b) Minimalkostenkombination:

$$\begin{aligned} r_2 &= 25^{\frac{10}{11}} \cdot \left(\frac{8}{5}\right)^{\frac{3}{11}} = 21,209 \\ r_1 &= \frac{5}{8} \cdot 21.209 = 13,256 \\ K(25) &= 3 \cdot 13,256 + 5 \cdot 21,209 = 145,81 \end{aligned}$$

Aufgabe 8
a) Minimalkostenkombination:

$$\begin{aligned} r_1 &= 25 \cdot \left(\frac{5}{6}\right)^{0,6} = 22,4 \\ r_2 &= \frac{6}{5} r_1 = 26,9 \end{aligned}$$

Berechnung der Kosten:

$$\begin{aligned} K &= q_1 r_1 + q_2 r_2 \\ K(100) &= 4 \cdot 22,4 + 5 \cdot 26,9 \\ &= 224,1 \end{aligned}$$

b) $q_2 = ?$; $r_2^* = 2r_1^*$
Aus Teilaufgabe a) wissen wir:

$$\frac{2}{3}\frac{r_2}{r_1} = \frac{q_1}{q_2}$$

Setzt man $r_2^* = 2r_1^*$ und $q_1 = 4$ ein, so erhält man:

$$\begin{aligned} \frac{2}{3}\frac{2r_1}{r_1} &= \frac{4}{q_2} \\ q_2 &= 3 \end{aligned}$$

Der Faktor r_2 muss 3 kosten.

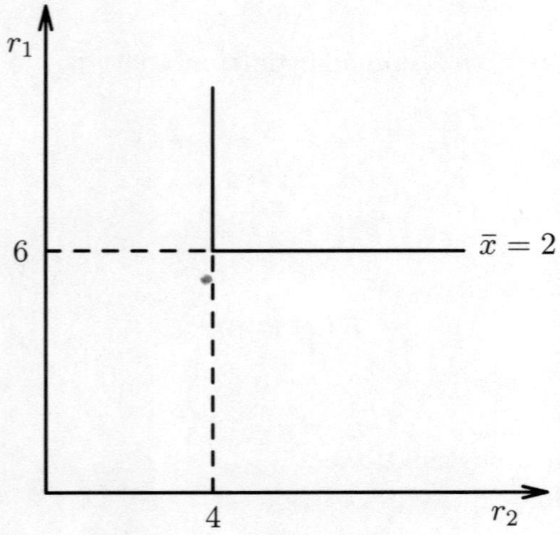

Abbildung 7.9: Lösung Teilaufgabe a)

7.5 Lösungen zu Kapitel 3.1.3

Aufgabe 1

a) Effizient ist nur der Eckpunkt der Isoquante $r_1 = 6,\ r_2 = 4$. Graphische Darstellung siehe Abbildung 7.9

b) Produktionskoeffizienten:

$$\begin{aligned} a_1 &= 3 \\ a_2 &= 2 \end{aligned}$$

Durchschnittsproduktivität:

$$\begin{aligned} \text{Faktor 1} &: \frac{1}{3} \\ \text{Faktor 2} &: \frac{1}{2} \end{aligned}$$

c) Maximal produzierbare Menge:

$$x_{\max} = \min\{\frac{12}{3}, \frac{10}{2}\} = 4$$

d) Berechnung der Minimalkostenkombination:

$$K(2) = 2 \cdot 3 \cdot 5 + 2 \cdot 2 \cdot 2 = 38$$
$$x_1^* = 6;\; x_2^* = 4$$

e) Kostenfunktion:

$$K(x) = 19x$$

Aufgabe 2

a) Faktoraufwandsfunktionen:

Faktor 1:

$$r_1 = 4x$$
$$r_2 = 4x$$

Faktor 2:

$$r_1 = 7x$$
$$r_2 = 2x$$

....

b) Siehe Abbildung 7.10

c) Ein paarweiser Vergleich der benötigten Faktoreinsatzmengen für die Produktion von $x = 1$ ergibt, dass der Produktionsprozess y_4 von dem Prozess y_1 dominiert wird. Somit sind nur die Produktionsprozesse y_1, y_2 und y_3 effizient.

d) Berechnung der Minimalkostenkombination für $x = 3$:

Prozess 1:

$$K_1(3) = 3 \cdot 4 \cdot 2 + 3 \cdot 4 \cdot 4 = 72$$

Prozess 2:

$$K_2(3) = 3 \cdot 7 \cdot 2 + 3 \cdot 2 \cdot 4 = 66$$

Prozess 3:

$$K_3(3) = 3 \cdot 6 \cdot 2 + 3 \cdot 3 \cdot 4 = 72$$

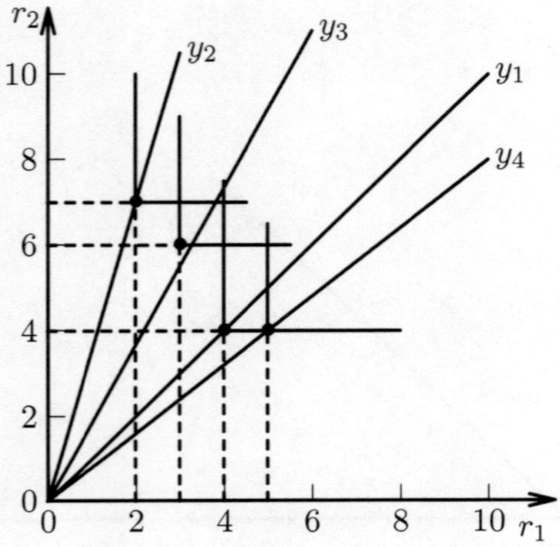

Abbildung 7.10: Lösung Teilaufgabe b)

Somit ist der Prozess 2 kostenminimal. Die optimalen Einsatzmengen betragen $r_1 = 21$ und $r_2 = 6$.

e) Kostenfunktion:

$$K(x) = 22x$$

Lösung siehe Abbildung 7.11

f) Überprüfung ob Prozess y_3 durch einen Mischprozess aus y_1 und y_2 dominiert wird.

$$\begin{aligned}
\begin{pmatrix} -6 \\ -a \\ 1 \end{pmatrix} &= \lambda \begin{pmatrix} -4 \\ -4 \\ 1 \end{pmatrix} + (1-\lambda) \begin{pmatrix} -7 \\ -2 \\ 1 \end{pmatrix} \\
\lambda &= \frac{1}{3}; \\
\text{Mischprozess} \quad : & \quad \begin{pmatrix} -6 \\ -\frac{8}{3} \\ 1 \end{pmatrix} > \begin{pmatrix} -6 \\ -3 \\ 1 \end{pmatrix}
\end{aligned}$$

Der reine Prozess wird durch den Mischprozess dominiert und ist somit nicht effizient.

g) Die Kostenfunktion ist identisch mit der in Teilaufgabe e)

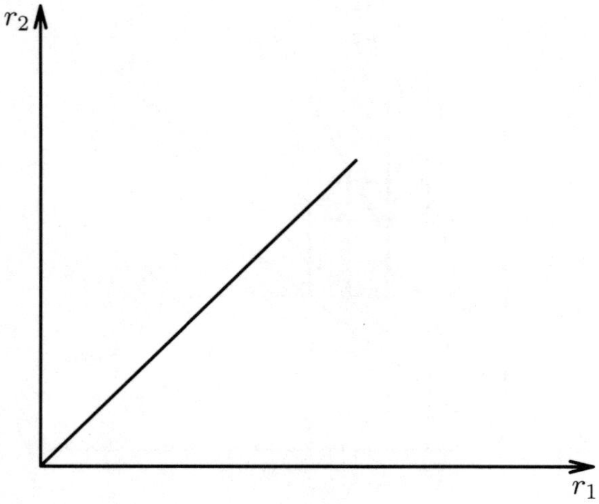

Abbildung 7.11: Lösung Teilaufgabe e)

ermittelten Kostenfunktion.

h) Das Unternehmen wird für Mengen $x > 10$ teilweise auf den Prozess y_1 ausweichen. Ermittlung der Kostenfunktion:

$$\begin{pmatrix} -70 \\ -r_2 \\ x \end{pmatrix} = a \begin{pmatrix} -4 \\ -4 \\ 1 \end{pmatrix} + b \begin{pmatrix} -7 \\ -2 \\ 1 \end{pmatrix}$$

$$- > \quad r_2 = \frac{20}{3}x - \frac{140}{3}$$

eingesetzt in die Kostenfunktion:

$$K = \frac{80}{3}x - \frac{140}{3}$$

$$K(x) = \begin{cases} 22x \text{ für } 0 \leq x \leq 10 \\ \frac{80}{3}x - \frac{140}{3} \text{ für } 10 < x \leq \frac{70}{4} \end{cases}$$

Aufgabe 3:

a) Graphische Lösung siehe Abbildung 7.12.

In Abbildung 7.12 sind die Isoquanten für $x = 1$ aller drei Prozesse dargestellt. Vergleicht man y_2 mit y_3, so sieht man, dass die Isoquante für y_3 links unterhalb der Isoquante von y_2

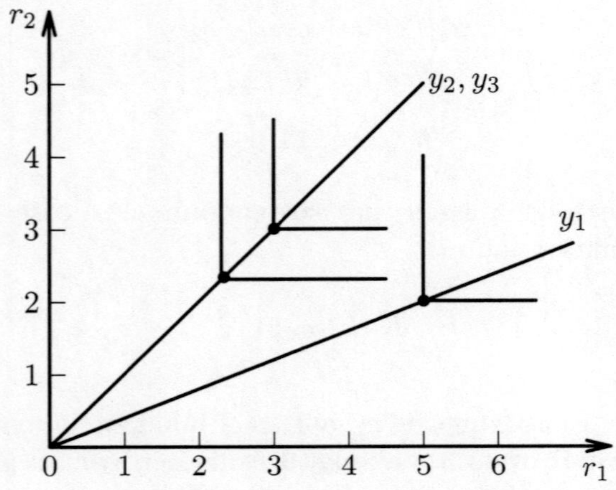

Abbildung 7.12: Lösung Teilaufgabe a)

liegt. Dies bedeutet, dass zur Produktion einer Einheit x bei y_3 von beiden Faktoren weniger eingesetzt werden muss als bei y_2. Somit wird der zweite Prozess von dem dritten dominiert und ist nicht effizient.

Algebraische Lösung:
Bei der algebraischen Lösung vergleicht man die reinen Prozesse paarweise. Dies macht man, indem man die Produktionspunkte für $x = 1$ aller Prozesse vergleicht.

Vergleicht man die Einsatzmengen bei Prozess 2 und 3, so sieht man, dass bei Prozess 3 von beiden Faktoren weniger eingesetzt werden muss, um eine Einheit von x herzustellen. Somit dominiert y_3 den zweiten Prozess. Vergleicht man y_1 und y_3, so kann keine Dominanz erkannt werden.
Effiziente Prozesse sind somit y_1 und y_3.

b) Man berechnet die Stückkosten der effizienten Prozesse:

$$\begin{aligned} y_1 : k &= q_1 r_1 + q_2 r_2 \\ &= 3 \cdot 2 + 3 \cdot 5 \\ k &= 21 \end{aligned}$$

$$\begin{aligned} y_3 : k &= q_1 r_1 + q_2 r_2 \\ &= 3 \cdot \frac{7}{3} + 3 \cdot \frac{7}{3} \\ &= 14 \end{aligned}$$

Daraus folgt, dass y_3 der kostenminimale Prozess ist. Die Kostenfunktion lautet:

$$K(x) = 14 \cdot x$$

c) Ist die Einsatzmenge r_1 auf 21 Einheiten beschränkt, so können mit Prozess 3 maximal 9 Einheiten von x produziert werden ($r_1 = \frac{7}{3}x \Leftrightarrow x = \frac{21}{\frac{7}{3}} = 9$). Möchte man mehr als 9 Einheiten produzieren, so muss man teilweise den Prozess y_1 einsetzen, mit dem maximal 10,5 Einheiten produziert werden können ($r_1 = 2x \Leftrightarrow x = \frac{21}{2} = 10,5$). Für Mengen, die zwischen 9 und 10,5 liegen, ist es nun kostenminimal einen Mischprozess aus Prozess 1 und 3 einzusetzten, bei dem so viel wie möglich mit Prozess y_3 produziert wird. Dies wird dadurch garantiert, dass man von dem knappen Faktor 1, welcher von Prozess 3 relativ intensiv genutzt wird, die maximal vorhandene Menge von 21 einsetzt. Der Mischprozess hat dann folgende Form:

$$\begin{pmatrix} -21 \\ -r_2 \\ x \end{pmatrix} = a \cdot \begin{pmatrix} -2 \\ -5 \\ 1 \end{pmatrix} + b \cdot \begin{pmatrix} -\frac{7}{3} \\ -\frac{7}{3} \\ 1 \end{pmatrix}$$

Löst man das Gleichungssystem auf, so erhält man:

$$r_2 = 21x - 168$$

Setzt man diesen Zusammenhang und $r_1 = 21$ in die Kostenfunktion $K = 3r_1 + 3r_2$ ein, so erhält man:

$$K(x) = 63x - 441$$

Die Kostenfunktion hat somit folgende Form:

$$K(x) = \begin{cases} 14x & \text{für } 0 \leq x \leq 9 \\ 63x - 441 & \text{für } 9 < x \leq 10,5 \end{cases}$$

Man sieht, dass bei einer Menge $x = 9$ die Grenzkosten von $K' = 14$ auf $K' = 63$ springen. Weiter steigen ab $x = 9$ die Durchschnittskosten von $k = 14$ auf $k = 21$ bei $x = 10,5$ kontinuierlich an.

7.6 Lösungen zu Kapitel 3.2.6

Aufgabe 1

a) Effizienter Intensitätsbereich:

$$d \in \{2,\ 10\}$$

b) Sückkostenfunktion:

$$\begin{aligned} k(d) &= q_1 a_1(d) + q_2 a_2(d) + q_3 a_3(d) \\ &= 47d^2 - 558d + 3770 \end{aligned}$$

c) Kostenminimale Intensität:

$$\begin{aligned} \frac{\partial k(d)}{\partial d} &= 0 \\ 94d - 558 &= 0 \\ d^* &= 5,9 \end{aligned}$$

Minimale Stückkosten:

$$k(5,9) = 2113,8$$

d) $x = 10$: Da es keine zeitlichen Restriktionen gibt, produziert das Unternehmen mit der kostenminimalen Intensität $d^* = 5,9$.

Gesamtkosten:

$$K(10) = 21138$$

Produktionszeit:

$$\begin{aligned} x &= d \cdot t \\ t &= \frac{x}{d^*} = \frac{10}{5,9} \\ t &= 1,69 \end{aligned}$$

Einsatzmengen:

r_1 :

$$\begin{aligned} r_1 &= a_1(d^*) \cdot x \\ r_1 &= 370,5 \end{aligned}$$

r_2 :

$$\begin{aligned} r_2 &= a_2(d) \cdot x \\ r_2 &= 1427,7 \end{aligned}$$

r_3 :

$$\begin{aligned} r_3 &= a_3(d) \cdot x \\ r_3 &= 30,1 \end{aligned}$$

e) $t_{\max} = 1$:
Produktionsgeschwindigkeit:

$$d = \frac{x}{t_{\max}} = \frac{10}{1} = 10$$

Stückkosten:

$$\begin{aligned} k(10) &= 2890 \\ &\rightarrow \triangle k = k(10) - k(5,9) = 776,2 \end{aligned}$$

Gesamtkosten:

$$\begin{aligned} K(10) &= 28900 \\ &\rightarrow \triangle K(10) = 7762 \end{aligned}$$

Einsatzmengen:

r_1 :

$$\begin{aligned} r_1 &= a_1(10) \cdot 10 = 1220 \\ &\rightarrow \triangle r_1 = 849,5 \end{aligned}$$

r_2 :

$$\begin{aligned} r_2 &= a_2(10) \cdot 10 = 1100 \\ &\rightarrow \triangle r_2 = -327,7 \end{aligned}$$

r_3 :

$$\begin{aligned} r_3 &= a_3(d) \cdot 10 = 350 \\ &\rightarrow \triangle r_3 = 319,9 \end{aligned}$$

Aufgabe 2

a) Die Stückkosten in Abhängigkeit der Intensität:

$$\begin{aligned} k(d) &= q_1 a_1(d) + q_2 a_2(d) \\ k(d) &= 0,0168d^2 - 0,126d + 18 \end{aligned}$$

Berechnung der kostenminimalen Intensität:

$$\begin{aligned} \frac{\partial k(d)}{\partial d} &= 0,0336d - 0,126 = 0 \\ d^* &= 3,75 \end{aligned}$$

b) Ist das Unternehmen weder zeitlich noch intensitätsmäßig ausgelastet, so produziert es mit der stückkostenminimalen Intensität. Auf Ausbringungsänderungen reagiert es, indem es die Produktionsdauer anpasst.

c) Wie bereits in b) beschrieben, betreibt das Unternehmen immer zeitliche Anpassung. Die Stückkosten sind nur von der Intensität abhängig und somit konstant. Sie betragen bei $d^* = 3,75$:

$$k(3,75) = 17,764$$

Die Kostenfunktion ergibt sich durch Multiplikation mit der Ausbringungsmenge:

$$K(x) = 17,764 \cdot x$$

d) Die Ausbringungsmenge ergibt sich allgemein wie folgt:

$$x = d \cdot t \cdot m$$

bzw. bei einer Maschine:

$$x = d \cdot t$$

Mit der optimalen Intensität $d^* = 3,75$ können in der zur Verfügung stehenden Zeit $t = 10$ maximal $x = 3,75 \cdot 10 = 37,5$ Einheiten produziert werden. Möchte man 40 Einheiten produzieren, so muss man die Intensität auf $d = \frac{40}{10} = 4$ erhöhen. Daraus ergeben sich folgende Stückkosten:

$$k(4) = 17,765$$

Die Gesamtkosten betragen nun:

$$K(40) = 17,765 \cdot 40 = 710,6$$

Aufgabe 3

a) Effizienter Intensitätsbereich:

$$d \in \{20, \ \infty\}$$

b)

$$k(d) = 1,5d^2 - 60d + 1125$$

c)

$$\begin{aligned} \frac{\partial k}{\partial d} &= 3d - 60 = 0 \\ d^* &= 20 \\ k(d^*) &= 525 \\ K(x) &= 525x \end{aligned}$$

d) Faktorverbrauchsfunktionen:

$$\begin{aligned} r_1 &= 50x \\ r_2 &= 5x \\ r_3 &= 5x \end{aligned}$$

Aufgabe 4

a) Effizienter Bereich der Intensität:

$$d \in \{20,\ 30\}$$

b) Stückkostenfunktion:

$$k(d) = 85d^2 - 3910d + 47500$$

Stückkostenminimale Intensität:

$$\begin{aligned} \frac{\partial k}{\partial d} &= 0 \\ d^* &= 23 \end{aligned}$$

Minimale Stückkosten:

$$k(d^*) = 2535$$

c) 1. Alternative: 1 Maschine

$$\begin{aligned} d &= \frac{x}{t_{\max}} = \frac{1000}{40} = 25 \\ k(25) &= 2875 \\ K_1(1000) &= 2875000 \end{aligned}$$

2. Alternative: Zusätzliche Maschine anmieten:

$$d = \frac{x}{t_{\max} m} = \frac{1000}{80} = 12,5$$

$\Longrightarrow$ Es kann mit optimaler Intensität produziert werden.

$$\begin{aligned} K_2(1000) &= 2535 \cdot 1000 + 100000 \\ K_2(1000) &= 2635000 \end{aligned}$$

$\Longrightarrow$ Es ist günstiger, eine zweite Maschine anzumieten.

7.7 Lösungen zu Kapitel 6.5

Aufgabe 1

a) Maximal herstellbare Menge von x_1:

$$x_1^{\max} = \min\{\frac{450}{3}; \frac{600}{5}; \frac{1000}{10}\} = 100$$

Maximal herstellbare Menge von x_2 :

$$x_2^{\max} = \min\{\frac{450}{4,5}; \frac{600}{3}; \frac{400}{5}\} = 80$$

b) Produktrestriktionen:

$$\begin{aligned} r_1 &: \quad x_1 \leq 150 - 1,5x_2 \\ r_2 &: \quad x_1 \leq 120 - 0,6x_2 \\ r_3 &: \quad x_2 \leq 80 \\ r_4 &: \quad x_1 \leq 100 \end{aligned}$$

Graphische Lösung siehe Abbildung 7.13.

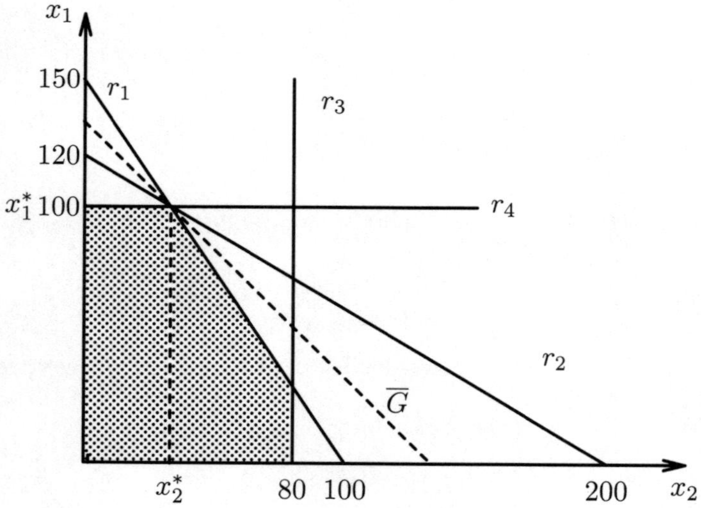

Abbildung 7.13: Lösung Teilaufgabe b) und c)

c) Gewinnisoquante:

$$x = \frac{\overline{G}}{5} - x_2$$

Graphische Lösung siehe Abbildung 7.13.

Literaturverzeichnis

Albach, Horst (1999), Eine allgemeine Theorie der Unternehmung, *Zeitschrift für Betriebswirtschaft*, 69. Jahrgang, Heft 4, April, S. 411-427.

Baumol, William J. und Yale M. Braunstein (1977), Empirical Study of Scale Economies and Production Complementarity: The Case of Journal Publication, *Journal of Political Economy*, Band 85, Nr. 5, S. 1037-1048.

Chambers, Robert G. (1988), *Applied Production Analysis, A Dual Approach,* Cambridge.

Dellmann, K. und L. Nastansky (1969), Kostenminimale Produktionsplanung bei rein intensitätsmäßiger Anpassung mit differenzierten Intensitätsgraden, *Zeitschrift für Betriebswirtschaft*, 39. Jahrgang, S. 239-268.

Dinkelbach, Werner und Otto Rosenberg (1994), *Erfolgs- und umweltorientierte Produktionstheorie*, Berlin et al.

Ellinger, Theodor und Reinhardt Haupt (1996), *Produktions- und Kostentheorie*, Stuttgart.

Fandel, Günter (1996), *Produktion I, Produktions- und Kostentheorie*, Berlin et al.

Førsund, Finn R. und Lennart Hjalmarsson (1987), Analyses of Industrial Structure - A Putty-Clay Approach, *The Industrial Institute for Economic and Social Research*, Stockholm.

Friedlaender, Ann F., Clifford Winston und Kung Wang (1983), Costs, Technology, and Productivity in the U.S. Automobile Industry, *Bell (Rand) Journal of Economics*, Band 14, Nr. 1, Frühjahr, S. 1-20.

Fuss, Melvyn A. und Lennard Waverman (1981), Regulation of the Multiproduct Firm: The Case of Telecommunications in Canada, in: Gary Fromm (Hrsg.), *Studies in Public Regulation*, MIT Press: Cambridge, S. 277-313.

Glaser, H. (1966/67), Zur Bestimmung des kostenoptimalen Anlageneinsatzes, Diplomarbeit, Universität zu Köln, Wintersemester.

Gutenberg, Erich (1983), *Grundlagen der Betriebswirtschaftslehre*, Erster Band: Die Produktion, Berlin: Springer, 1. Auflage 1951, 24. Auflage 1983.

Heinen, Edmund (1965), *Betriebswirtschaftliche Kostenlehre*, Band 1: Begriff und Theorie der Kosten, Wiesbaden.

Hicks, J.R. (1935), Annual Survey of Economic Theory: Monopoly, *Econometrica*, Band 3, S. 1-20.

Jacob, H. (1962), Produktionsplanung und Kostentheorie, in: H. Koch (Hrsg.), *Zur Theorie der Unternehmung*, Wiesbaden, (Festschrift für Erich Gutenberg zum 65. Geburtstag), S. 205-268.

Karrenberg, R. und A.-W. Scheer (1970), Ableitung des kostenminimalen Einsatzes von Aggregaten zur Vorbereitung der Optimierung simultaner Planungssysteme, *Zeitschrift für Betriebswirtschaft*, 40. Jahrgang, S. 689-706.

Küpper, Hans-Ulrich (1979), Dynamische Produktionsfunktion der Unternehmung auf Basis des Input-Output-Ansatzes, *Zeitschrift für Betriebswirtschaft*, 49. Jahrgang, S. 93-106.

Küpper, Hans-Ulrich und Christian Hofmann (2000), *Übungsbuch zu Produktion und Logistik*, Landsberg a. Lech.

Kitching, John (1967), Why Do Mergers Miscarry?, *Harvard Business Review*, Band 45, Nr. 6, November-Dezember, S. 87-111.

Lambrecht, H.-W. (1978), *Die Optimierung intensitätsmäßiger Anpassungsprozesse*, Meisenheim am Glan.

Matthes, W. (1979), Dynamische Einzelproduktionsfunktion der Unternehmung, Arbeitspapier Nr. 2/1979, Universität zu Köln.

Mayo, John W. (1984), Multiproduct Monopoly, Regulation, and Firm Costs, *Southern Economic Journal*, Band 51, Nr. 1, Juli, S. 208-218.

Murray, John D. und Robert W. White (1983), Economies of Scale and Economies of Scope in Multiproduct Financial Institutions: A Study of British Columbia Credit Unions, *Journal of Finance*, Juni, S. 887-902.

Pack, Ludwig (1993), Zum Intensitätssplitting, *Zeitschrift für Betriebswirtschaft,* 63. Jahrgang, S. 487-514.

Petersen, Lars (1999), Zur Theorie des Intensitätssplitting, *Zeitschrift für Betriebswirtschaft*, 69. Jahrgang, S. 677-698.

Pressmar, Dieter B. (1971), *Kosten und Leistungsanalyse im Industriebetrieb*, Wiesbaden.

Schwalbach, Joachim (1987), *Diversifizierung, Risiko und Erfolg industrieller Unternehmen*, Berlin.

Schwalbach, Joachim (1984), Ausmass und Entwicklung von Grössenvorteilen in der deutschen Bier- und Zementindustrie, Discussion Paper IIM-IP 84-13, Wissenschaftszentrum Berlin.

Schwalbach, Joachim (1988), Economies of Scope in the German Beverage Industry, Discussion Paper FS IV 88-11, Wissenschaftszentrum Berlin.

Steven, Marion (1998), *Produktionstheorie*, Wiesbaden.

Stichwortverzeichnis